株式会社エフピーウーマン代表取締役
ファイナンシャルプランナー
大竹のり子 監修

ナツメ社

はじめに

「貯蓄から投資へ」というキャッチフレーズがうたわれるようになったのは2001年のこと。いまや「一部のお金持ちがやるもの」と思われていた資産運用や投資は、将来の不安解消のために「誰もがやるべきもの」になりました。

NISAの口座開設者数は23年3月末で1873万口座を突破。すでに成人の約8人に1人がNISA口座を開設しています。そして24年1月からは「新しいNISA」として非課税投資枠が大幅に拡大するとともに、制度が恒久化。投資が「誰もがやるべきもの」から「誰もが当たり前にやっているもの」になる時代はすぐそこまできています。

本書は、そんな新しいNISA制度のしくみを解説するとともに、制度を活用して安定的に資産を増やしていくために不可欠な、投資の基本についてもまとめました。

また、NISAの最大のメリットは「いくら利益が出ても非課税」ということ。このメリットの恩恵にあずかるためには、「投資で利益が出せること」が大前提になります。そこで、株式投資と投資信託という2つのポピュラーな投資を取り上げ、利益が出るしくみから売買の方法、これから成長していく銘柄や商品を見極めるポイントまでを分かりやすく解説しています。

預貯金だけではお金がほとんど増えない時代。投資をやるか、やらないかで、10年後、20年後の資産は大きく違ってきます。本書が、新しいNISAとともに将来へ向かって投資をしていくきっかけとなることを願っています。

2023年12月　株式会社 エフピーウーマン 代表取締役　大竹のり子

本書の読み方

図解

本文内容を図やイラストで
分かりやすく解説

本文

読み込みやすく理解しやすい
見開き完結

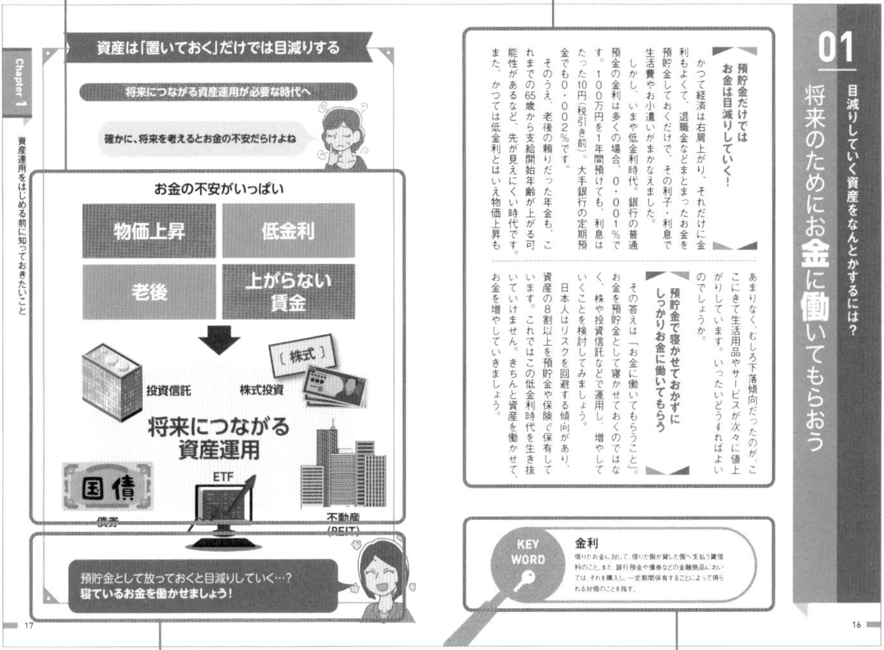

資産は「置いておく」だけでは目減りする

Chapter 1

資産運用をはじめる前に知っておきたいこと

将来につながる資産運用が必要な時代へ

確かに、将来を考えるとお金の不安だらけよね

お金の不安がいっぱい

物価上昇

低金利

老後

上がらない賃金

投資信託

株式投資

株式

将来につながる資産運用

国債

債券

ETF

不動産（REIT）

預貯金として放っておくと目減りしていく…？
寝ているお金を働かせましょう！

17

01

目減りしていく資産をなんとかするには？

将来のためにお金に働いてもらおう

預貯金だけでは
お金は目減りしていく！

かつて経済は右肩上がり、それだけに金利もよくて、退職金などまとまったお金を預貯金しておくだけで、その利子・利息で生活費やお小遣いがまかなえました。

しかし、いまや低金利時代。銀行の普通預金の金利は多くの場合、0・001％です。100万円を1年間預けても、利息はたった10円（税引き前）。大手銀行の定期預金でも0・002％です。

そのうえ、老後の頼りだった年金も、これまでの65歳から支給開始年齢が上がる可能性があるなど、先が見えにくい時代です。

また、かつては低金利とはいえ物価上昇もあまりなく、むしろ下落傾向だったのが、ここにきて生活用品やサービスが次々に値上がりしています。いったいどうすればよいのでしょうか。

預貯金で寝かせておかずに
しっかりお金に働いてもらう

その答えは「お金に働いてもらうこと」。お金を預貯金として寝かせておくのではなく、株や投資信託などで運用し、増やしていくことを検討してみましょう。

日本人はリスクを回避する傾向があり、資産の8割以上を預貯金や保険で保有しています。これではこの低金利時代を生き抜いていけません。きちんと資産を働かせて、お金を増やしていきましょう。

KEY WORD

金利

借りたお金に対して、借りた側が貸した側へ支払う賃借料のこと。また、銀行預金や債券などの金融商品においては、それを購入し、一定期間保有することによって得られる対価のことを指す。

16

ナビゲーター

ナビゲーターたちの掛け合いで
楽しくより分かりやすい！

補足解説

当該ページに出てくる用語や
ポイントの解説

ナビゲーター

大竹のり子先生

お金のエキスパート。お金の問題を一般目線で優しくアドバイスしてくれる

マチコさん

将来のお金に不安を感じる一児の母。先輩の大竹先生に助けを求めることを決意

シュンペイさん

お小遣い制になった同僚の話を機に、改めて将来を見つめ直し、資産運用を決意

投資の初心者から経験者まで
NISAで投資デビューしよう!
物価上昇
いろいろ節約しなきゃいけないわね
どうしたの?
物価が上がって家計も苦しくなりそうだわ
……
ハァ…
お給料もあんまり上がらないし
ちょ、貯金があるでしょ?
貯金といっても少しだけだし…
……
シュン…
○△BANK

ただいま〜
おかえり お疲れさま
そういえば 会社の同僚が投資を はじめたらしいよ
投資なら 定期預金よりも 収益も大きいし
収益
投資
リスク
預金
でも 投資にはリスクが あるでしょ
少しぐらいリスクは 許容しないと…
パタ
パタ
税金
しかも もうかった分には たくさん税金が かかるっていうし！
シュン

大竹先生の投資解説
NISA
NISAを活用しましょう！
ドキドキドキドキドキドキドキドキドキ
ドドーン
これからはお金に働いてもらう時代です！
そうだ！
大竹先生ってFPをやっていて私の先輩よ！
お話を聞きに行きましょう！
そ、そうしよう！
大竹オフィス

マチコさん
お久しぶり
きょうは
ありがとう
ございます
ど、どうも
初めまして
NISAは新しくなって
株式投資をやってみたい人や
将来のために積立したい人にも
利用しやすくなったんですよ
でも、投資って
したことがないので
むずかしそう…
お金に働いてもらうって
どういうことですか？
それではこれから
新しいNISA制度の
詳しい解説と
効果的な投資のしかたを
レクチャーして
いきましょう！
よろしく
お願いします！

もくじ

はじめに …… 2
導入マンガ「NISAで投資デビューしよう!」 …… 4

Chapter 1
資産運用をはじめる前に知っておきたいこと

01 将来のためにお金に働いてもらおう …… 16
02 資産づくりを目指すなら収益の差に敏感になろう …… 18
03 株式投資と投資信託で資産形成をする …… 20
04 人生100年時代の資産運用を考える …… 22
05 まずはマネープランを考えることから …… 24
06 時間を味方に付けるのが中・長期投資 …… 26
07 投資先を分ける分散投資のメリット …… 28
08 投資には大きく5つのリスクがある …… 30

Chapter 2
NISAなら約20%かかる税金が非課税に!

01 NISAとは少額投資非課税制度のこと …… 34

02 NISAは利益が多いほどトクになる……36
03 投資デビューにもぴったりなNISA……38
04 非課税枠が拡大され、使い勝手が向上……40
05 成長投資枠とつみたて投資枠が併用可能……42
06 年間の非課税投資枠がグーンと拡大……44
07 口座開設期間と非課税保有期間……46
08 非課税保有限度額(総枠)のしくみ……48
09 NISAを利用するには専用口座が必要……50
10 日本在住の18歳以上ならNISA口座を開設可能……52
11 NISA口座開設の手順を知ろう……54
12 NISA口座を開設する金融機関の選び方……56
13 投資枠内ならいくつの商品を買ってもOK……58
14 保有している金融商品の移管はできない……60
15 株式数比例配分方式の選択を忘れずに……62
16 NISA口座での取引なら確定申告が不要……64
17 売却損が出ても損益通算ができない……66
18 譲渡損失の繰越控除も適用されない……68

Chapter 3

成長投資枠とつみたて投資枠を使いこなそう

01 成長投資枠とつみたて投資枠の違い …… 72
02 成長投資枠で購入できる金融商品 …… 74
03 目的や経験によっても違う成長投資枠活用法 …… 76
04 長期・積立・分散投資にぴったりのつみたて投資枠 …… 78
05 つみたて投資枠で買えるのは厳選された投資信託だけ …… 80
06 つみたて投資枠の設定方法 …… 82
07 資金を2つの投資枠に配分するには？ …… 84
08 成長投資枠を使った積極運用と配当狙い …… 86
09 ライフイベントに合わせてはじめる積立投資 …… 88
10 株の配当金で年金の不足分を補う …… 90

Chapter 4

うま味がたくさん！　株式投資

01 株式投資のしくみを知ろう …… 94

02 キャピタルゲインとインカムゲイン……96
03 キャピタルゲインは株式投資の醍醐味……98
04 預貯金を上回る収益が魅力のインカムゲイン……100
05 株主の特権！　株主優待も楽しみの1つ……102
06 株を購入するまでの基本の流れ……104
07 注文方法の基本は成行と指値の2つ……106
08 株式投資にかかるコストを知っておこう……108
09 1株からでも購入できる単元未満株……110
10 株式投資での銘柄の選び方……112
11 ファンダメンタルズ分析で銘柄を選ぶ……114
12 銘柄選びの参考にしたいPERとPBR……116
13 企業の収益性を表すROEとROA……118
14 配当金重視なら配当性向・配当利回りをチェック……120
15 テクニカル分析で売買タイミングをつかむ……122
16 株価チャートの3つの基本情報……124
17 ローソク足の基本を知って、相場を読もう……126
18 相場のトレンドを見極めよう……128
19 国内株・外国株の特徴をつかもう……130

Chapter 5

少額から手軽にはじめられる投資信託

01 多くの投資対象をパッケージにしたのが投資信託 …… 134
02 1つの商品でも幅広い分散投資が可能 …… 136
03 売却益は、基準価額が上がることで得られる …… 138
04 投資信託の分配金のしくみ …… 140
05 投資信託の商品ごとの特徴のつかみ方 …… 142
06 おもな投資対象とそれぞれを代表する指標 …… 144
07 インデックス運用とアクティブ運用の違い …… 146
08 株を中心に分散投資する株式投資信託 …… 148
09 大きな利益を狙うなら海外資産で運用する投資信託 …… 150
10 手間なし分散投資で選ぶならバランス型 …… 152
11 上場投資信託「ETF」のしくみ …… 154
12 運用をプロに任せて、手軽に不動産投資 …… 156
13 投資信託の2大コストは販売手数料と信託報酬 …… 158
14 投資信託の注文方法をマスターしよう …… 160
15 投資信託の積立って、こんなにすごい …… 162
16 安定運用の強い味方、ドルコスト平均法 …… 164
17 投資信託の目論見書はここをチェック …… 166
18 商品ごとの運用実績を確認するには? …… 168
9 [illegible] …… 0

Chapter 6

自分に合った投資法を見つけよう!

01 ポートフォリオをつくってみよう …… 174
02 年代別のポートフォリオの組み方 …… 176
03 定期的に資産配分を調整しよう …… 178
04 まさかというときの対応を考えておく …… 180
05 NISAとiDeCoの使い分けをしよう …… 182
06 大竹先生が注目する株と投資信託は? …… 184

INDEX …… 185

Chapter

1

資産運用をはじめる前に知っておきたいこと

物価が上昇しても思ったほど賃金アップもなく、しかも銀行などの預貯金金利も低いまま。こういうときは、資産運用をして、お金に働いてもらいましょう。

……
う〜ん。。。
どうしたの？
なにからはじめていいか
ぜんぜん分からなくて…
ええい！
このメールに
ある方法で
投資してみよう！
だめよ！
きちんと計画を
立てなきゃ!!
怪しい投資メール
!!
パッ
そうですよ
怪しいメールなどに
だまされないで
きちんと投資の知識を
つけましょう！
コク
コク
それでは投資で
お金に働いてもらう
とはどういうことか
投資について
解説していきましょう
がんばります！

01

目減りしていく資産をなんとかするには？

将来のためにお金に働いてもらおう

預貯金だけではお金は目減りしていく！

かつて経済は右肩上がり、それだけに金利もよくて、退職金などまとまったお金を預貯金しておくだけで、その利子・利息で生活費やお小遣いがまかなえました。

しかし、いまや低金利時代。銀行の普通預金の金利は多くの場合、０・００１％です。１００万円を１年間預けても、利息はたった10円（税引き前）。大手銀行の定期預金でも０・００２％です。

そのうえ、老後の頼りだった年金も、これまでの65歳から支給開始年齢が上がる可能性があるなど、先が見えにくい時代です。

また、かつては低金利とはいえ物価上昇もあまりなく、むしろ下落傾向だったのが、ここにきて生活用品やサービスが次々に値上がりしています。いったいどうすればよいのでしょうか。

預貯金で寝かせておかずにしっかりお金に働いてもらう

その答えは「お金に働いてもらうこと」。お金を預貯金として寝かせておくのではなく、株や投資信託などで運用し、増やしていくことを検討してみましょう。

日本人はリスクを回避する傾向があり、資産の8割以上を預貯金や保険で保有しています。これではこの低金利時代を生き抜いていけません。きちんと資産を働かせて、お金を増やしていきましょう。

KEY WORD

金利

借りたお金に対して、借りた側が貸した側へ支払う賃借料のこと。また、銀行預金や債券などの金融商品においては、それを購入し、一定期間保有することによって得られる対価のことを指す。

資産は「置いておく」だけでは目減りする

将来につながる資産運用が必要な時代へ

確かに、将来を考えるとお金の不安だらけよね

お金の不安がいっぱい

物価上昇	低金利
老後	上がらない賃金

投資信託

株式投資

将来につながる資産運用

債券

ETF

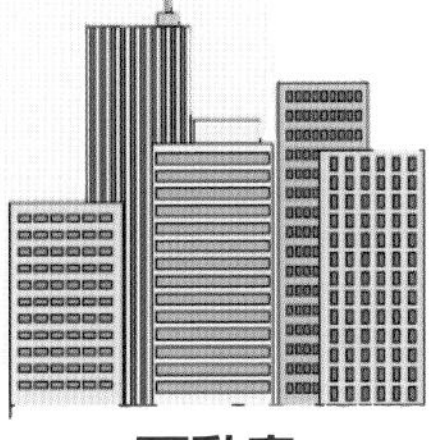

不動産
(REIT)

預貯金として放っておくと目減りしていく…？
寝ているお金を働かせましょう！

02 お金に働いてもらうためには、預貯金だけでは不十分

資産づくりを目指すなら**収益**の**差**に敏感になろう

定期預金で運用しても増える資金はごくわずか

お金に十分に働いてもらうには、金利がほとんど付かない預貯金ではなく、株や投資信託などの金融商品を活用していくことが不可欠です。

かつては、定期預金や郵便局（現ゆうちょ銀行）の定額貯金でも３〜５％程度の金利がつきました。しかし、16ページでもふれたように現在では大手銀行の定期預金でも金利０・００２％程度。１００万円を20年間、この金利で預け続けた場合、税金を引かれなかったとしても得られる利息は４００円。ネット銀行では金利０・２％などの定期預金もありますが、それでも「増えた」というほどの金額にはなりません。

金融商品で運用すれば資産を大きく増やせる可能性が

一方、１００万円を年利３％で運用することができたなら、20年後の元利合計は約１８１万円。年利５％なら、約２６５万円にもなります。

外貨預金をのぞけば、定期預金でこれほどの金利が得られるものは現状ありません。そこで挑戦したいのが、株や投資信託を活用した資産運用です。

これらは元本保証ではないのでリスクがあります。しかし、このあとに述べる方法でリスクを最大限に抑えることで、お金に十分に働いてもらうことができるのです。

ONE POINT

ハイリスクハイリターン

投資した金額が大きく元本割れしたり無価値になったりするリスクが高いほど、高い利益（リターン）を得られる可能性があること。ローリスクローリターンはその反対。リスクとリターンは比例する。

銀行預金の金利はほとんどゼロに近い

おもな金融商品の金利

金融商品	金利	特徴
普通預金（三井住友銀行）	0.001%	ほぼ利息は得られないと考えてよい。給与の振り込みや電気代金、クレジットカードなどの自動引き落としに利用するのが中心。
スーパー定期・1年もの（三菱UFJ銀行）	0.002%	普通預金よりはよいが、ほとんど利息は付かない。平成バブル時には5%以上の金利のものもあったが、いまではその2500分の1。
BANK The 定期・1年もの（あおぞら銀行）	0.2%	地方銀行やネット銀行には、比較的金利の高い定期預金がある。といっても1%未満。これでも生活費の足しになるほどではない。
米ドル外貨定期預金・1年もの（ソニー銀行）	5.0%	アメリカの高金利政策で、米ドルでの定期は大幅に金利がアップ。ただし、外貨建てでは、為替レートの変動によるリスクがある。

※ 2023 年 9 月 22 日現在

普通預金や定期預金では、
ほとんど利息が付かない感じだな

外貨預金の金利はズバ抜けているわね。
お金に働いてもらうには
どんな金融商品を選べばいいのかしら

資産を増やしたいなら収益に注目し、
金融商品を選んでいきましょう

資産運用の基本の投資先

03 株式投資と投資信託で資産形成をする

株価の上昇に期待して株を買うのが株式投資

ひと口に資産運用といっても、金融商品にはさまざまなものがあります。ここではその基本となる株式投資（➡4章）と投資信託（➡5章）について簡単に説明していきましょう。

株式投資とは、上場企業が資金を調達するため発行する株を利益を得ることを目的として売買することです。上場企業の場合、株価は日々、上がったり下がったりします。投資家は株を売買することで、その差額である売却益を手にしたり、配当金を手にしたり、株主優待を受けたりすることができます。

運用をプロに任せて利益を狙うのが投資信託

投資信託は、投資家から集めたお金を1つの大きな資金（ファンド）としてまとめ、株や債券などで運用する金融商品です。投資家はその運用の成果を、出資金に応じた分配金として受け取ることができるしくみです。投資信託にも基準価額と呼ばれる価格があり、日々上下します。

株式投資との大きな違いは、プロが私たちに代わって運用してくれるということ。また、投資資金が少額でも、リスクを軽減するための分散投資ができるのもメリットです。このことから、投資信託は投資初心者が購入しやすい金融商品だといわれています。

ONE POINT

分散投資

投資対象を分散して価格変動などのリスクを軽くする投資手法をいう。資金を複数の銘柄や商品に分散させる「資産分散」と、タイミングを分けて投資する「時間分散」がある。

株式投資と投資信託の違い

株式投資

自分で企業の株を売買

資金

売却益

配当金

投資信託ならプロが運用するから手間がかからないけど、
株のように大きく儲けるのはむずかしいかな

投資信託

プロが代わりに資金を運用

資金

資金

国債

債券

売却益

売却益

投資信託
（ファンド）

分配金

分配金

不動産
（REIT）

投資の初心者はプロが運用してくれる
投資信託からはじめてみるのもいいですね

04 人生100年時代の資産運用を考える

生活するにはお金がかかる。特にライフイベントは大きな費用が……

「人生の三大資金」はどれも増加して重くのしかかる

多額のお金がかかるといわれる「人生の三大資金」。それは教育資金と住宅購入資金、老後資金です。どれもある程度の金額をあらかじめ準備しておかなければ、対応するのはむずかしいでしょう。

しかも、これらの準備には、近年ますます多くの金額が必要といわれています。

例えば教育資金。私立中学などを受験する人が多くなり、大学進学率が5割以上という現実のなか、塾代や大学の授業料も増えています。住宅の資材高騰のなか、住宅購入資金も増加傾向です。この2つは子育て世代に重くのしかかります。

公的年金のみで暮らすと生涯で2000万円以上の赤字!?

平均寿命が伸び、老後資金も多額となります。2019年に金融庁が発表したリポートによると、年金世代の収入は公的年金がほとんどを占めていて、夫婦で月に約20万9000円。支出は約26万4000円。つまり毎月約5万5000円の赤字です。

人生100年時代といわれるいま、65歳で仕事を終えて35年間、公的年金だけで暮らすとすると、5万5000（円）×12（か月）×35（年間）＝約2300万円の赤字になります。公的年金の先行きは不透明、物価上昇、老後の健康不安……、そんな将来に備えねばなりません。

KEY WORD

公的年金

日本の公的年金制度は、20歳以上60歳未満の国民全員が加入する国民年金（基礎年金）と、会社員・公務員が加入する厚生年金保険の2階建て構造。上記の試算は2階建てを想定。自営業の人は基礎年金のみが一般的。

長い人生を豊かに過ごす工夫が必要

リタイア後に必要な毎月の出費（夫婦の場合）

収入	約20万9000円
支出	約26万4000円

毎月 約5万5000円足りない！

金融庁「金融審議会市場ワーキング・グループ報告書」（2019 年）を参考

定年退職時に2300万円の資金を用意するのはたいへんだなあ…

人生は、さまざまなシーンでお金が必要

子どもの成長とともにかかる教育資金、マイホーム購入のための住宅購入資金に加え、老後の生活のための資金など

人生の三大資金

- 老後資金
- 教育資金
- 住宅購入資金

早いうちから将来に備えることが大切！

株式投資

投資信託

将来必要となる資金を確保するために**積極的に資産運用**することが必要です

05 お金に上手に働いてもらうためにすべきこと
まずはマネープランを考えることから

ライフスタイルを見直して年代に合った投資をスタート

人生の節目には、大きなお金が必要。だからこそ、お金に働いてもらい、資金を増やしていかなければなりません。

「お金に働いてもらうには、ある程度まとまった金額が必要なのでは」「いまは生活で手いっぱい、余裕がなくて無理」と思うかもしれません。でも、そんなことはありません。ライフスタイルを見直すことで、どんな人でも投資資金の捻出は可能です。

20代は自由に使えるチャンス 30〜40代は生活を見直して

例えば、20〜30代の若手の独身の人なら比較的自由にお金が使えます。その一部を投資の資金に回し、低いリスクで堅実に運用するか、資金の上限を定めて積極的に運用。早めにはじめて経験をたくさん積めば、のちの投資ライフに生きてきます。増えたお金はその後のライフイベントに役立つでしょう。

30〜40代で家族を持っているなら、子育てや教育、マイホーム購入となにかと出費が重なります。しかし、余裕がないからと投資をはじめなかったら、お金にも働いてもらえません。ライフスタイルを見直し、少しでも投資に回せるお金を捻出できないか、家族で考えてみましょう。

今後、いつまでにどれくらいのお金が必要なのか、まずはマネープランを明確にすることが大切です。

ONE POINT

ライフスタイルの見直し

投資にお金を回すためにも、ムダな出費を見直すことが大切。住居費、光熱費、民間保険会社の保険料は見直すべき優先項目。また、携帯電話料金も内容を見直して変更すれば出費が抑えられそう。

投資の開始時期とそれに合わせた運用方法

それぞれのライフスタイルに合わせた投資

20～30代の独身の人

お金が自由に使えるいまがチャンス

堅実型なら投資信託 ➡第5章

→ 低リスク商品で堅実運用

積極型なら株式投資 ➡第4章

→ 資金の上限を決めて積極運用

●堅実型か積極型か
自分に合うスタイルでチャレンジする

その後のライフイベントに備える

30～40代のファミリー層

家族で考えて資金を捻出

投資信託の積立

●出費も重なる時期なので、
積立を利用してコツコツ投資する

老後や目の前のライフイベントに備える

50代夫婦

老後資金の準備を加速

安定した投資信託

●老後も無理なく続けられる
投資スタイルを確立する

老後や想定外の出費に備える

投資のスタイルは、
年代によっても
変わって
くるんですね

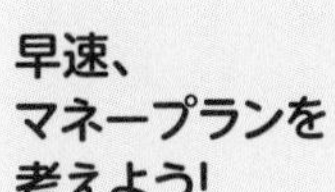

早速、
マネープランを
考えよう!

現在の状況と将来を見据え、
マネープランを考えていきましょう!

06

極力リスクを小さくして、着実に資産を増やしていく方法

時間を味方に付けるのが中・長期投資

投資のリスクを抑えるためのまず行う方法とは

投資はしてみたい、でも資産が目減りするのはイヤ。これは誰しも思うことです。そこで、リスクを極力減らす1つめの方法を知っておきましょう。まず重要なのは、「時間を味方に付ける」ことです。

投資の方法には大きく分けて短期売買と中・長期投資があります。短期売買とはタイミングを捉えて秒単位から数日で売買を繰り返す方法です。小さな値動きで大きな利益を狙うにはまとまった資金が必要であり、ともすれば損失が大きくなる可能性もあります。

また、利益を出すためには頻繁に値動きを見る必要があり、仕事や子育てをしながら両立するのはむずかしいといえます。

長い目で投資を考えれば時間が味方をして、リスクが低減

一方、中・長期投資ならじっくり構えることができ、日々の値動きに一喜一憂する必要もないのがメリットです。経済は短期的には浮き沈みがあるものの、10年以上の長期スパンでみれば右肩上がりになっていくものです。世界のGDP（国内総生産）も上昇傾向です。こうしたことから、長い目でみると中・長期投資は利益を得られやすいのです。

複利効果を味方にできることで、効率よく利益が得られるのもメリットです。

KEY WORD

GDP

1年間など、一定期間内に国内で産出された付加価値（販売時の価値から原材料や流通費用などを差し引いた価値）の総額。国内でどれだけの付加価値が産出されたかで、国の経済状況の良し悪しがわかる。

中・長期投資のメリットとデメリット

株式投資の場合

中・長期投資のメリット

配当金や株主優待を繰り返し得られる

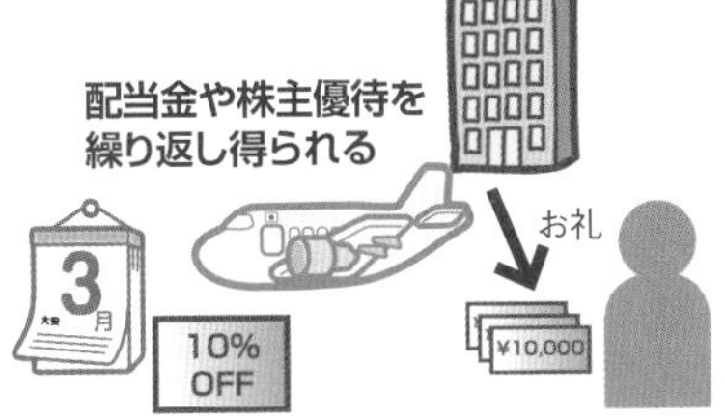

細かな株価の変動に一喜一憂せずに済む

取引回数が少ないぶん手数料を抑えられる

株式投資の場合のメリットはこんなにたくさんあるのね

中・長期投資のデメリット

結局、価格が下がり続けてしまうリスクもある

ほかの銘柄に乗り換えにくい

時間を味方につける中・長期投資には**たくさんのメリット**があります

07 知っておきたいリスク回避の基本
投資先を分ける分散投資のメリット

リスク回避の基本、分散投資できるだけ安全に投資をしよう

　中・長期投資とともに、リスクを減らす方法としておすすめなのが分散投資です。

　集中投資は1つまたは少ない投資先に資金のほとんどを集中させること。うまくいけば大きな利益が得られますが、価格が落ち込めば大きな損が出ます。

　一方の分散投資は、その名のとおり、投資先を分散して投資すること。国内の株や海外の株、債券、不動産（REIT）といったように、投資先の種類を複数に分散する方法がその1つです。また、株に投資する場合でも、飲食業や自動車、メーカーなど、業種をかたよらせず、分散することも重要です。

分散のメリットは損失の減少デメリットは利益の平準化

　分散投資のメリットは、1つの投資先に集中しないのでリスクを分散できることでしょう。例えば、株だけに投資する場合でも、A・B・Cの3つの銘柄に分散していれば、仮にA株が値下がりしてもB株やC株が値上がりしていれば、損失を相殺できるかもしれません。株と債券は反対の動きをすることが多いので、両方持つことで損失を抑えることもできるでしょう。

　分散投資はリターンも分散されるため、大きな利益を得にくいというデメリットもありますが、損失を減らすことを考えるなら大きなメリットがあるといえるでしょう。

KEY WORD

債券

国や地方公共団体、企業などが資金調達のために発行するもの。債券を購入すると、利払日に利息が支払われ、償還日に額面金額が払い戻されるのが原則。投資リスクは、発行体の倒産など。

集中投資と分散投資の違い

1つの銘柄だけか、複数銘柄か

120万円の投資で、A株が半分に値下がりしたときと、2倍に値上がりした場合…

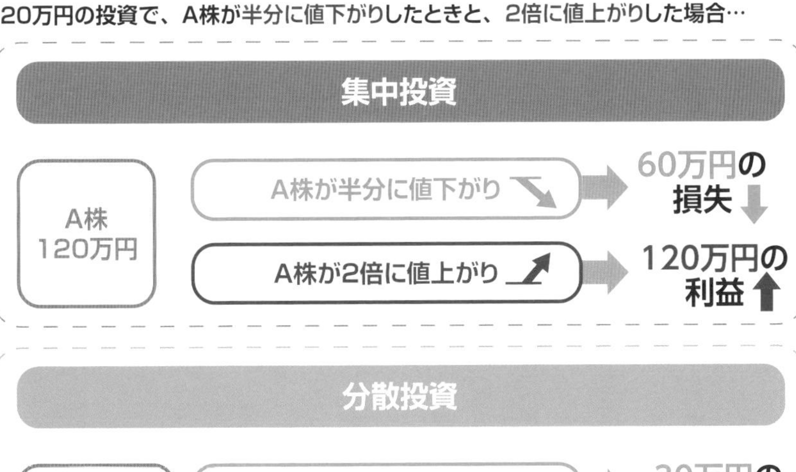

ただし、A株が半分に値下がりしても
B株とC株が1.5倍になっていれば…

A株60万円
B株20万円
C株40万円

1.5倍値上がり

A株30万円
B株30万円
C株60万円

3つの合計金額は
120万円で
収支はプラスマイナスゼロ
(損失を回避できた)

分散投資しておけばどれかが
値下がりしても大きな損失は防げそう

複数の投資先に分散することに加え
時間を分散することも分散投資の1つです

08 投資には大きく5つのリスクがある

投資には必ずある「リスク」落ち着いて理解しよう

投資にはリスクが伴いますが、ここでいうリスクとは「危険」という意味ではありません。投資の収益・損失の変動幅のことを指します。つまり、値動きのある投資には多かれ少なかれ必ずリスクがあり、これをいかに抑えることができるかがポイントになるのです。

投資のリスクには大きく5つがあります。**①価格変動リスク、②信用リスク、③流動性リスク、④金利変動リスク、⑤為替変動リスク**です。そのほかにも細かいリスクがありますが、特に大切なこれらのリスクについて、順に見ていくことにしましょう。

リスクの本質を知ってダメージを抑える工夫をする

5つのリスクを簡単に解説すると、

①価格変動リスク…投資した金融商品の価格が上下する可能性のこと

②信用リスク…債券などを発行している企業や国などが債務不履行になること

③流動性リスク…換金（現金化すること）が容易にできないこと

④金利変動リスク…市場金利が株や債券などの価格に影響を及ぼすこと

⑤為替変動リスク…為替レートの変動により、日本円での価値が増減する可能性のこと

これらを抑えるには、これまで解説した分散投資が効果的といわれています。

ONE POINT

為替レート

外国為替市場において異なる通貨が交換（売買）される場合の交換比率。わが国で最も頻繁に目にする為替レートは円・ドル相場だが、ほかにもさまざまな通貨の組み合わせごとにレートがある。

資産運用には必ずリスクがある

投資の5大リスク

価格変動リスク
株や投資信託の価格は、常に変動する

信用リスク
投資した先が倒産などで投資金額がパーになることも

流動性リスク
売りたくてもすぐに売れないなど現金化できない場合も

金利変動リスク
市場金利が変動すると一般的に金融商品の価格も変動する

為替変動リスク
投資した株や債券そのものは好調でも、為替によっては損失が出ることも

Chapter

2

NISAなら約20%かかる税金が非課税に！

お金に十分働いてもらうためにうってつけな制度がNISAです。これは投資で得た利益に対する税金が非課税となる制度。NISAとはどんなものなのか解説します。

そういえば
シュンペイくん
証券会社の口座を
持っているって
いったわよね
あ！
そうだそうだ！
早速そこで
NISAを使った
投資をはじめよう！
ついでに
ほかの金融機関でも
NISAを使えば
トクになるね
NISA口座は
1人1つしか
開けませんよ！
クルッ
!!
金融機関によって
扱っている商品の違いや
得意不得意があるので
NISA口座を開く金融機関は
慎重に選ばないと！
はい！
大切な非課税枠だから
しっかり考えます
NISAの
はじめ方を
教えてください
OK!

01 NISAとは少額投資非課税制度のこと

NISAを利用すれば、利益がまるまる手元に

約20％の税金が非課税になるのがNISA

株や投資信託などを通じて得られる利益には売却益や配当金、分配金などがありますが、これらの利益には通常、税金がかかります。税率は20％（復興特別所得税を加え20・315％）。しかし、この約20％の税金が引かれずに済む制度があります。それが本書のメインテーマでもあるNISAです。

NISAとは、2014年1月にスタートした、個人投資家のための「少額投資非課税制度」のこと。23年までの旧NISAでは、一般NISAで年間120万円、つみたてNISAで年間40万円の非課税投資枠が設定されていました。

「非課税であること」を味方につけて資産を増やそう

仮に投資によって40万円の利益が得られたとします。通常の口座（課税口座）の場合、約20％の8万円が課税されるので、手元に残るのは32万円です。しかしNISAでの取引であれば、利益の40万円がそのまま手元に残ります。8万円も違うのは大きいですね。

さらに24年1月からは、「新しいNISA」としてこのNISAの非課税投資枠が大幅に拡大。つまり、20％課税されずに投資できる金額が大きくなるので、ますます大きな効果が期待できます。制度を味方につけて資産を増やしていきましょう。

KEY WORD

復興特別所得税

東日本大震災からの復興を目的として新たに創設された税金。2013年から2037年までの時限立法で、基準所得税額の2.1％が徴収される。所得税額20％だと合計で20.315％となるが、ここでは20％として計算。

NISA口座なら、利益はまるまる手元に

課税と非課税での手残りの違い

※復興特別所得税をのぞく

通常の口座（課税口座）での取引

120万円 → 120万円

利益40万円：8万円（20%の課税）、32万円（32万円が手元に残る）

NISA口座（非課税口座）での取引

120万円 → 120万円

利益40万円：40万円（利益の40万円がそのまま手元に残る）

約20%の税金が課税されない**NISAなら**
利益がまるまる手元に残ります

02 非課税のメリットを最大限に利用する

NISAは利益が多いほどトクになる

もたらされた利益が多いほど「非課税」が生かせる

ここで非課税のメリットについて、もう少し詳しく解説していきましょう。

課税口座で金融商品を運用した場合、その利益に対して約20％の税金が課税されます。すべての利益に対してですので、売却益も、株の配当金も、投資信託の分配金も対象となります。

しかし、NISA口座なら、利益に対して税金がまったくかかりません。利益が100万円出ても、1000万円出ても非課税です。いうまでもなく、利益が多ければ多いほど、課税口座で運用するよりNISAで運用したほうがトクになるわけです。

実例で改めて感じる税金約20％が非課税のおトク感

具体的な数字で考えてみましょう。

例えば、株を50万円で購入し、値上がりしたので60万円で売却したとします。課税口座であれば、売却益10万円に対して約2万円の税金がかかります。100万円で売却できた場合は、売却益50万円に対して約10万円の税金がかかります。NISA口座であればこれらの税金がすべてゼロになるわけです。

配当金についても、投資信託の分配金についても同じです。このように、利益が多ければ多いほど、トクになる金額も多くなるのがNISAの大きな特徴です。

KEY WORD

課税口座

利益に対して税金がかかる口座のこと。NISA以外の口座は、基本的にすべて課税口座となる。銀行の預金の利息も一般的な証券口座と同様に約20％の税金が引かれている。

利益が大きいほどトクするNISA

売却益、配当金、分配金はすべて非課税となる

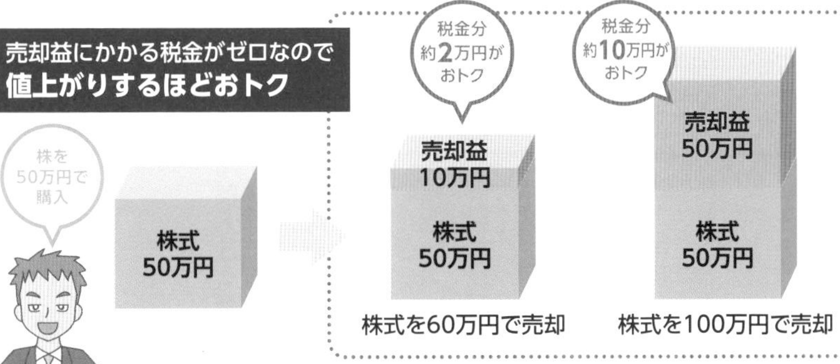

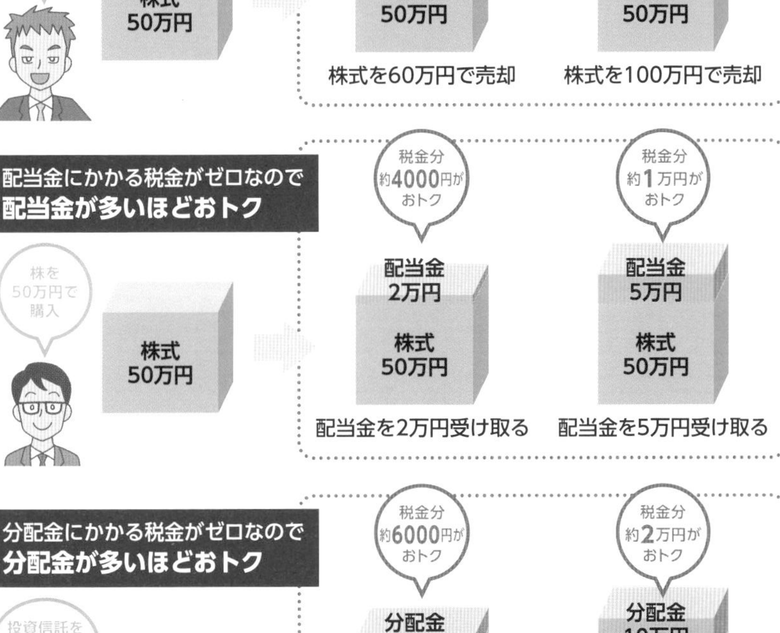

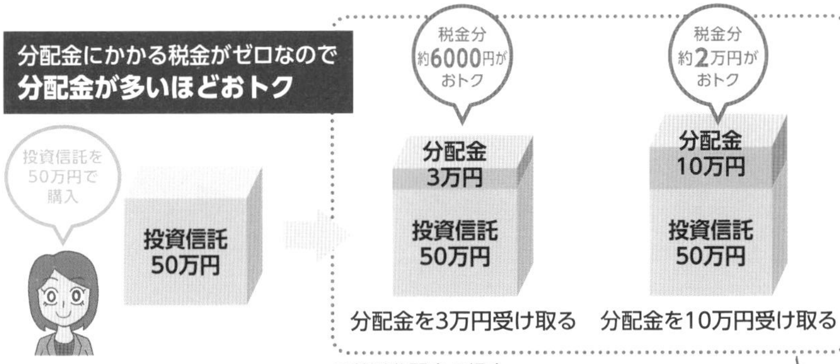

※普通分配金の場合

NISA口座での取引は、
大きな利益が出るほどトクになるということです

03 投資デビューにもぴったりなNISA

もはやNISAを使わない投資は考えられない！

着実に増え続けてきたNISAが新しくなって登場した

2014年の1月からスタートしたNISAですが、非課税というメリットや、金融機関による宣伝で関心を持つ人が増え、口座開設者数は年々増加傾向にあります。

14年の12月末時点で825万口座だったNISA口座の開設数は、22年末には約1800万にまで増加（金融庁調査）。NISA口座は1人1つしか開設できないので、すでに成人の約8人に1人がNISAを開設していることになります。

24年からはさらにNISAが使いやすくなったので、この先、口座開設数がさらに増えていくのは必至でしょう。

NISA口座利用者の3分の1が女性投資家

NISA口座での買付額も年々活況となり、22年末には30兆円を超える規模になっています。このことから考えると、NISA口座をとりあえず開設してみたというだけでなく、取引もしっかりされてきているといえます。

NISA口座を開設する人は、30～50代が多いといわれていましたが、現在では20代にもかなり浸透。投資家デビューの足がかりとなっていることが推測できます。ちなみにNISA口座の利用者の3分の1が女性で、その目的の50%が将来の資産形成なのだそうです。

KEY WORD

口座

金融機関などにおいて、加入者・契約者ごとに金銭の記録・計算を行うためのもの。株や投資信託などを購入するためには、証券会社や銀行に口座を開設する必要がある。

スタートから増え続けるNISA口座

2023年には1800万口座を突破!

口座開設数をの推移を見てみよう!

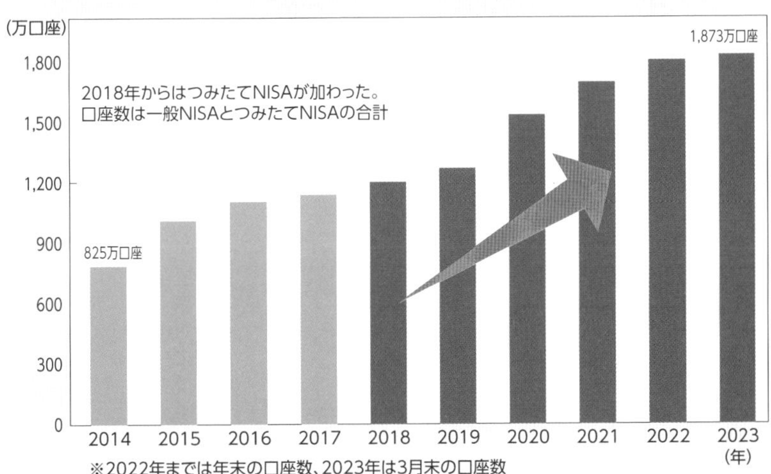

成人の約8人に1人がNISA口座を持ってるってことね

新しいNISAになって、
もっともっと伸びていくだろうね

制度が恒久化されたので、**NISA口座での取引がますます当たり前**になっていくかもしれませんね

04

2024年スタートの新しいNISAの特徴を知ろう

非課税枠が拡大され、使い勝手が向上

1つのNISAで短期運用と長期の積立運用ができる

NISAは2024年から新しくなり、さらに活用がしやすくなりました。新しくなったNISAの3つのポイントを見てみましょう。

非課税保有期間が無期限に！使い勝手が大幅に向上

まず、これまでの旧NISAには、一般NISAと積立を主眼としたつみたてNISAがあり、どちらか片方しか利用できませんでした。しかし、新しいNISAではそれぞれ「成長投資枠」「つみたて投資枠」として生まれ変わり、これらは同時に利用できます。年間の非課税投資枠も拡大され、最大360万円まで運用できます。

また、これまで一般NISAは5年間、つみたてNISAは20年間と決められていた保有期間が、無期限になりました。

さらに、旧NISAでは、最大の非課税投資額がつみたてNISAの場合で40万円×20年の800万円でしたが、新しいNISAでは、2つの枠の合計で1800万円まで非課税での保有が可能となりました。

なお、いままでは一度使った枠の再利用はできませんでしたが、新しいNISAでは1800万円の非課税保有限度額（総枠）に所有しているなかから一部を売却すれば、翌年以降にその売却分の枠の再利用ができるようになりました。

KEY WORD

年間非課税投資額

いままでのNISAでは、非課税で投資できる年間の最大の金額は、一般NISAを選んだ場合の120万円だった。新しいNISAでは2つの枠の合計で年間360万円と、より多くの金額が投資できるようになった。

預貯金だけではお金が増えない時代

新しいNISAの3つのポイント

つみたて投資枠と成長投資枠が両方使えるように

旧NISA

一般NISA
（年間非課税投資枠=120万円）、
または**つみたてNISA**
（年間非課税投資枠=40万円）、
どちらかを一方を選ばなければならない

新しいNISA

成長投資枠
（年間非課税投資枠=240万円）
つみたて投資枠
（年間非課税投資枠=120万円）
の**両方を使うことができる!**

POINT 2

非課税で保有できる期間が無期限になった

旧NISA

一般NISA：5年
つみたてNISA：20年
上記の期間内でしか非課税で運用できず、損益によらず期限がきたら運用を終えるか、ロールオーバーする

新しいNISA

どちらの枠でも
無期限で運用可能
期間を考えずに投資ができるようになった

非課税保有限度額が大幅拡大 売却分が再利用できるように

旧NISA

最大で40万円×20年=800万円（つみたてNISAを選択した場合）。また、売却しても、非課税保有限度額は再利用できない

新しいNISA

非課税保有限度額（総枠）が1800万円に。売却した金額分の枠は翌年以降に再利用可能。1800万円の枠の範囲内なら、何度でも投資が行える

使いにくかった部分が一気に解消され、
大幅に活用しやすくなりましたね

05

積立もしたいけど、積極運用でも非課税の恩恵にあずかりたい……

成長投資枠とつみたて投資枠が併用可能

旧NISAの使い勝手の悪さを一気に解消した新しいNISA

旧NISAでは、積極運用も可能な「一般NISA」と積立運用に適した「つみたてNISA」の2種類があり、どちらかを選ぶ必要がありました。

しかも、一度どちらかを選択すると次の年まで種類の変更は不可能でした。非課税のメリットは大きいとはいえ、こうした点からも、使い勝手が悪いといわれてもしかたのない制度だったのです。

2つの枠を十分に活用して目的別の投資ができる

新しいNISAには、「成長投資枠」と「つみたて投資枠」の2つの枠があります。これは、旧NISAの「一般NISA」と「つみたてNISA」に相当します。

旧NISAでは、投資信託を対象とするつみたてNISAを選ぶと、株の売買で非課税の恩恵を受けることができませんでした。しかし、新しいNISAなら成長投資枠で株を購入して配当金を狙うのと同時に、つみたて投資枠で投資信託の積立投資をすることもできるのです。もちろん、両方の枠を使って積立投資をするような運用も可能です。

なお、これら2つの投資枠は1つの口座にひも付いていますので、成長投資枠は証券会社、つみたて投資枠は銀行など、別々の金融機関に開設することはできません。

ONE POINT

ジュニアNISA

子どもの将来のお金に備えるためのNISA制度。未成年の人のみが利用でき、運用するのは両親などの親権者。2024年以降は、新規の購入はできなくなっている。

2つの枠を自在に使える

NISAの活用方法で悩む必要がなくなった

旧NISA

どちらかを選択する

一般NISA

つみたてNISA

どちらか1つを選ばなきゃいけなかったのね。どちらも使いたいから悩むわ

新しいNISA

成長投資枠　**つみたて投資枠**

両方使える!

さまざまな投資のスタイルをNISAで実現できるのですね

新しいNISAとして生まれ変わることで、
使いやすいNISAに進化しました

06 最大120万円から、最大360万円に
年間の非課税投資枠がグーンと拡大

非課税投資枠の大幅増に加えて枠の併用可能が大きくプラス

新しいNISAの大きな魅力の1つが、年間の非課税投資枠の大幅なアップです。旧NISAの年間の非課税投資枠は、一般NISAで120万円、つみたてNISAの場合で、40万円まででした。併用することはできないので、どちらか一方の金額が上限になります。

対する新しいNISAは、成長投資枠が2倍の240万円、つみたて投資枠が3倍の120万円に増額されたのです。さらに2つの枠を併用できるので、最大で年間360万円まで非課税で投資することができるようになりました。

NISAで投資できる生涯の金額枠は、決まっている

年間の非課税投資枠が大幅に拡大したとはいえ、NISAを使って際限なく投資をすることは、残念ながらできません。新たに1800万円の非課税保有限度額（総枠）が設けられました。これはいわば生涯での限度額。上限に達したら、追加投資はできなくなります。ただし、枠の再利用は可能で、保有している商品を売却すれば、その分を翌年以降、新たな投資に活用できます。

老後資金に備えたり、資産形成したりするのに、旧NISAだけでは心もとないと考えていた人にとって、投資枠の拡大は願ってもない改正でしょう。

KEY WORD

資産形成

資産形成とは、手元の資産を積極的に増やす取り組み。元本は確保されているが金利の低い預貯金だけでなく、株式投資など元本が確保されていない資産での運用を取り入れて資産を増やす。

非課税投資枠が大幅にアップ

新旧NISAの比較

	旧NISA		新しいNISA	
	つみたてNISA	一般NISA	つみたて投資枠	成長投資枠
利用	どちらかを選択		併用可能	
年間の非課税投資枠	40万円	120万円	120万円	240万円
非課税保有期間	20年	5年	無期限	
非課税保有限度額（総枠）	800万円	600万円	合計1800万円	1200万円

旧NISAはつみたて、または一般のどちらか一方を選ぶので40万円、または120万円が年間に投資できる限度額となる。新しいNISAはつみたて投資枠と成長投資枠の両方を併用できる。ただし、成長投資枠は1800万円の枠のうち1200万円が非課税保有限度額の上限となる。

限度額が大幅に大きくなったね
これくらいあれば普通の人には十分!

1年ごとの投資枠と、非課税保有限度額のバランスを上手にとっていきましょう!

07 口座開設期間と非課税保有期間

いつでもはじめられ、いつまでも続けられる制度に変わったNISA

非課税保有期間とは、売却益や配当金、分配金など、得られた利益に税金がかからずに保有が続けられる期間のことです。旧NISAでは、一般NISAが5年、つみたてNISAが20年でしたから、大幅な延長です。これによりじっくり運用し、好きなタイミングで売却できるので、運用しやすくなります。

無期限化のメリットはほかにもあります。旧NISAでは、非課税保有期間を過ぎたあとも引き続き保有したい場合には、課税口座に移すか、翌年の新たな非課税投資枠に移すロールオーバーをするかという2つの選択肢からどちらかを選ぶ必要がありました。無期限なら、こうしたことも考えずに済みます。

いつでも好きなタイミングで口座を開設できる

新しいNISAのうれしい改正のポイントの1つが、口座開設期間の恒久化です。旧NISAはそれぞれ時限付きの制度でしたが、新しいNISAでは口座を開設できる時期の制限がなくなり、18歳以上であればいつでも口座開設ができるようになりました。

口座開設時期の恒久化で長期的な目線での投資も可能

新しいNISAでは、口座開設期間の恒久化にあわせて、非課税保有期間も無期限化されました。

KEY WORD

ロールオーバー

旧NISAは非課税期間に限度があったため、期間を過ぎて非課税で運用したい場合、次の期間の枠に乗り換える必要があった。これをロールオーバーといい、旧NISAのしくみを分かりにくくしていた。

いつまでも保有を続けられる

口座開設時期の恒久化と非課税期間の無期限化

	旧NISA	新しいNISA
口座開設期間	一般NISA：2023年まで つみたてNISA： 2042年まで （実際にはすべて新しいNISAに移行）	**恒久化**
非課税保有期間	一般NISA：5年 つみたてNISA：20年	**無期限化**

この2つのメリットは、非常に大きいですね

保有期間が無期限になり、長期投資が可能に

	2023	2024	2025	2026	2027	2028	2029	2030	2031	2032
2023	5年									
2024		無期限								

旧一般NISAは非課税保有期間が最大5年だったので、長期保有しにくかった

新しいNISAなら非課税保有期間に期限がないので、長期保有にも適している

本来のNISAの目的に近くなってきたのですね

いつでも口座が開設でき、保有期間も無制限になったので、**若い人でも長期の運用がしやすい**ですね

08 最大1800万円の限度額をどう生かす？

非課税保有限度額（総枠）のしくみ

非課税保有限度額が最大1800万円に拡大！

新しいNISAでは、1口座あたり最大1800万円の非課税保有限度額（総枠）がもらえます。そのなかから、成長投資枠では240万円、つみたて投資枠では120万円、合計で毎年360万円の非課税投資枠を使うことができるというしくみです。

非課税保有限度額を箱に例えて言い換えるのなら、NISA口座を開設すると、最大1800万円まで非課税で投資ができる箱がもらえるが、箱の中に入れられるのは毎年360万円までというイメージです。箱の中に入っている分は、無期限で非課税での運用ができます。

売却して空きが出れば翌年以降に再利用ができる

仮に毎年360万円ずつ購入していった場合、360万円×5年で1800万円の非課税保有限度額に到達してしまいます。そのままではそれ以上購入することはできませんが、すでに保有している商品を売却すれば、その分が翌年以降にまた使えるようになります。

ただし、成長投資枠の240万円とつみたて投資枠の120万円の合計で、毎年360万円までの投資枠を超えることはできません。あくまでも1年ごとの投資枠の範囲内で、再び非課税保有限度額に達するまで購入が可能ということになります。

KEY WORD

非課税保有限度額

総枠ともいう。旧NISAでは非課税で投資できる最大の金額は、つみたてNISAを選んだ場合で、40万円×20年の800万円だった。新しいNISAでは最大1800万円までの運用が可能となった。

毎年360万円、最大1800万円の非課税枠

NISAの非課税保有限度額のイメージ

旧NISAとは違うので、注意しましょう!

商品の購入
(箱に入れるイメージ)

NISA BOX
非課税保有限度額(総枠)

商品の売却
(箱から出すイメージ)

毎年360万円
(成長投資枠:240万円、つみたて投資枠120万円)
まで入れられる!

売却した分、箱に空きができる

箱に入れられるのは、投資額の合計で最大**1800万円**まで

成長投資枠とつみたて投資枠の配分には注意

成長投資投資枠の利用分

つみたて投資枠の利用分

最大1800万円

非課税保有限度額(総枠)

成長投資枠は1800万円のうち、最大1200万円まで

つみたて投資枠だけで1800万円を使い切るのはＯＫ

毎年360万円を**使い切らなくても、非課税保有限度額が減ったりはしない**ので安心してくださいね

09

なにはともあれ、口座開設から

NISAを利用するには**専用口座**が必要

口座開設には時間が必要なので余裕をもって申し込むのが肝心

NISA口座はそれだけを単独で開設することはできません。証券会社なら証券口座、銀行や信託銀行なら投資信託口座を開設する必要があります。

これらの口座をすでに開設しているなら、簡単な手続きでNISA口座を開設できます。はじめての付き合いとなる金融機関であれば、まず口座開設をしたうえでNISA口座を開設することになります。

口座開設には、時期や金融機関によっても異なりますが、一般的に10日間〜2週間ぐらいかかります。すぐに投資する予定がなくても、早めに手続きを進めておくのがよいでしょう。

マイナンバーも必要あらかじめ用意しておこう

NISA口座は一度開設すれば毎年手続きをする必要はありません。多少面倒でも、NISAでの投資を思い立ったら早めに、手続きを済ませてしまいたいものです。

NISA口座を新しく開設するときは、金融機関が申込者に代わって、税務署に申請の手続きをします。その際、マイナンバーが必要になりますので、あらかじめ準備をしておきましょう。

なお、金融機関を変更できるのは、1年に1回だけです。この点も注意が必要ですね。

KEY WORD

マイナンバー

現在、銀行の口座開設だけならマイナンバーは必ずしも必須ではないが、NISA口座を開くのにはマイナンバーが必要。マイナンバーカードがなくても、通知カードでもOKだが、その場合は免許証などほかの証明書も必要となる。

NISA口座を開設する

証券会社などに口座がある場合とない場合

口座を持っていない金融機関でNISA口座を開設する人

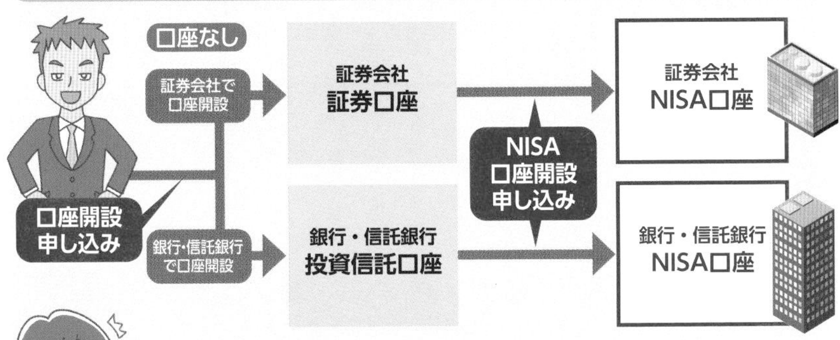

そうか、NISA口座だけを開設することはできないのかー

すでに口座を持っている金融機関でNISA口座を開設する人

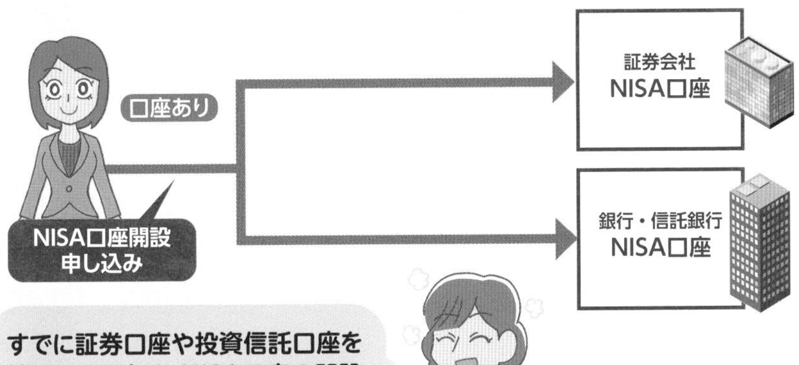

すでに証券口座や投資信託口座を持っている人は、NISA口座の開設手続きだけでいいんですね!

すでに証券会社などに口座を持っている人はそちらで開設すれば、比較的簡単です

10 NISAを利用するための条件は？

日本在住の18歳以上ならNISA口座を開設可能

NISAを利用できる人の条件とは？

NISAを利用できる人の条件について、もう少し踏み込んで解説していきましょう。

NISA口座を開設できるかどうかの条件は特にむずかしいものではありません。日本に住む18歳以上の人であれば、誰でも開設できます。

ただ18歳といっても、誕生日を迎えてすぐ開設できるわけではありません。開設しようとする年の1月1日時点で18歳であることが定められています。つまり、1月2日が誕生日の人は、18歳になった次の年の1月1日以降でなければ口座を開設することができないことになります。

条件さえ満たせば、職業や収入、国籍も問われない

もう1つの条件は日本に住んでいるということ。外国籍の人であっても、日本国内に住民票があれば口座を開設することが可能ということになります。逆に日本国籍の人であっても、海外在住の人の場合は、対象となりません。

この2つの条件さえクリアしていれば職業や収入は問われません。会社員でも、専業主婦でもリタイアした人でもNISA口座で運用することができるわけです。NISA口座は1人1口座と決まっていますが、例えば18歳以上の人が4人いる家族なら、1家族・4口座で運用することができます。

KEY WORD

海外在住

海外に赴任するなどの場合は、赴任期間が5年以下の場合ならそのまま口座を保持することが可能。しかし、それ以上の期間になると、解約の必要がある。また、海外赴任中は新たな投資はできないので注意が必要。

NISAを利用できる人・できない人

日本に住む18歳以上の人なら誰でもOK

民法が改正され、18歳が成人年齢となったのに伴い
NISAは18歳から口座を開設できるようになった。

日本に住む外国人

外国人観光客・永住許可なし

日本国籍でも、日本に住民票のない人は口座が開設ができない

簡単にいえば、**日本に住んでいる18歳以上の人**であれば、NISAを使った投資ができるのです

11 まずは申込用紙の取り寄せからはじめる

NISA口座開設の手順を知ろう

NISAを扱う金融機関から申込書類を取り寄せることから

NISA口座を開設するには、開設したい金融機関から申込書類一式を取り寄せることからはじめます。

申込書が届いたら、「非課税確認書の交付申請書 兼 口座開設届出書」に必要事項を記入します。このときに、マイナンバーが必要になります。マイナンバーは、マイナンバーカード両面の写しやマイナンバー通知カードと写真付き本人確認書類などが必要です。

なお、金融機関によっては申し込みをウェブ上で完結できる場合があります。この場合、開設までの時間が短縮されます。

手続き後は、金融機関からの口座開設のお知らせを待つだけ

書類に不備がなければ、金融機関が税務署に、NISA口座の開設の申請を行います。税務署での手続き・審査には1〜2週間かかることが多いようですが、金融機関によっては「仮開設」として、税務署の審査結果を待たずに取引が開始できるところもあります。

税務署の審査が終わり承認されれば、正式に口座が開設されます。税務署の審査が通らないことがあるとすれば、過去にNISA口座を開設していて、その金融機関で廃止の手続きをしていないなどといったことが考えられるでしょう。

ONE POINT

税務署で非承認

NISA口座は1人1つなので、非承認のほとんどがほかの金融機関で開設しているのを忘れていたり、廃止をしていなかったりする場合。開設した金融機関を忘れた場合は、各自税務署に問い合わせせることになる。

NISA口座開設までの手順

通常の口座開設に加えて、NISA口座の開設が必要

まずは、金融機関に口座を開く必要があるよ。
2～3週間程度かかることもあるらしいね

すでに証券口座や投資信託口座を持っている場合は、NISA 口座開設の申し込みのみ。これらの口座を持っていない場合、同時に開設申し込みを行う

STEP1 金融機関から申込書類一式を入手

STEP2 金融機関に書類とマイナンバーの写しを提出

・「非課税確認書の交付申請書　兼　口座開設届出書」

・マイナンバーカード両面の写し
　またはマイナンバー通知カードの写しと写真付き本人確認書類 1 種類
　またはマイナンバー通知カードの写しと本人確認書類 2 種類

・すでに当該金融機関にマイナンバーを届け出ている場合は本人確認書類
　（運転免許証、各種健康保険証など）

STEP3 金融機関が税務署に NISA 口座開設を申請

NISA 口座が重複して開設されていないかチェック

STEP4 金融機関から審査結果の連絡

STEP5 NISA 口座開設完了

NISA口座での取引開始

金融機関のホームページなどでも確認しましょう
時間の余裕を持って申し込むことが大切です

12 NISA口座を開設する金融機関の選び方

取り扱っている金融商品は金融機関によって異なる

金融商品の品ぞろえが目的に合致しているかどうかで見極め

金融機関選びのポイントの1つが、NISAで購入できる金融商品の品ぞろえです。NISAの対象商品は、上場株式や株式投資信託、ETF、REITなどです。上場株式には国内株と外国株、ETFやREITにもそれぞれ海外商品があります。

品ぞろえの多さに着目するのであれば、証券会社が圧倒的です。国内の株はもちろん、外国株や投資信託、ETFなどの金融商品がそろいます。銀行や郵便局（ゆうちょ銀行）、信用金庫、農協（JAバンク）、生命保険会社は投資信託のみの取り扱いに限られているので、注意が必要です。

売買にかかる手数料の差にも注目する

手数料もチェックしましょう。例えば、株式投資には売買委託手数料がかかります。投資信託には販売手数料や信託報酬などの手数料があります。

証券会社のなかには、株の売買委託手数料を無料としているところもあります。同じ投資信託でも金融機関によって購入時に販売手数料がかかるところもあれば、無料のところもあります。

できるだけ手数料の安いところで購入したほうがトクであることはいうまでもありません。手数料はネット専業証券やネット支店などが安い傾向にあります。

KEY WORD

ETF

上場投資信託（Exchange Traded Fund）のこと。日経平均株価や東証株価指数などの指数に連動することを目的として運用され、株と同様に株式市場でリアルタイムで売買できる。

金融機関によって扱い商品が異なる

金融機関と取扱商品の例

	金融機関名	株式投資信託	国内株	外国株	国内ETF	海外ETF	ETN	国内REIT	海外REIT
証券会社	楽天証券	○	○	○	○	○	○	○	○
	SBI証券	○	○	○	○	○	○	○	○
	松井証券	○	○	○	○	○	○	○	○
	auカブコム証券	○	○	○	○	○	○	○	×
	マネックス証券	○	○	○	○	○	○	○	○
	岡三オンライン証券	○	○	×	○	×	○	×	×
	GMOクリック証券	○	○	×	○	○	×	○	○
	SMBC日興証券	○	○	○	○	○	×	○	×
	野村証券	○	○	×	○	×	×	○	×
銀行	三菱UFJ銀行	○	×	×	×	×	×	×	×
	三井住友銀行	○	×	×	×	×	×	×	×
	みずほ銀行	○	×	×	×	×	×	×	×
	ゆうちょ銀行	○	×	×	×	×	×	×	×
保険会社	第一生命	○	×	×	×	×	×	×	×

2023年10月末現在
出典：各社ホームページ

金融機関によって、
取扱商品に差があるのね

ネット証券と総合証券の違い

	ネット証券	総合証券
メリット	・スマホ、パソコンから売買注文が出せる ・売買委託手数料などの手数料が安く設定されている	・店頭で説明を受けながらNISA口座の開設や商品の売買ができる
デメリット	・商品選びから売買注文まで、すべて自分でやらなければならない	・ネット証券と比べると手数料が高め ・必要のない勧誘を受けることがある

金融機関によって取扱商品は異なります。
よくチェックして、選択しましょう

13 年間投資枠内での配分を考えよう

投資枠内ならいくつの商品を買ってもOK

非課税投資枠内であれば組み合わせは自由

無事に口座が開設できたら、いよいよ売買ということになります。さて、成長投資枠の240万円、つみたて投資枠の120万円という年間の非課税枠をどう使えばよいでしょうか。

おぼえておいてほしい前提は、非課税投資枠内であれば、商品も数量も組み合わせは自由ということです。組み合わせは無限にあるので、どう選ぶかは自分次第ですね。

ただし、組み合わせられるのは対象として認められている金融商品に限られます。どのような商品が対象となるかは、このあとのセクションで解説します。

複数種類に投資することでリスクヘッジすることも

例えば、成長投資枠で株だけで運用していくのであれば、リスクとリターンのバランスを考慮し、複数の銘柄を240万円以内で購入する方法が考えられます。

株であれば一企業の株だけどんどん買ったり、同じ業種の株ばかり買い集めたりせずに、複数の企業や業種に分散します。投資信託であれば日本株で運用するものと、外国株で運用するものなど、種類や特性の異なるものを組み合わせることでリスクヘッジすることができます。このように複数の種類を組み合わせるのが、投資の基本となるのです。

KEY WORD

リスクヘッジ

起こりうるリスクの程度を予測してリスクを回避したり、その大きさを軽くするように工夫すること。単にヘッジと呼ぶこともある。ヘッジとは英語で「回避」という意味。危険から身を守ることに由来する言葉。

枠の範囲内なら組み合わせは自由

複数銘柄の株や投資信託を組み合わせることもできる

成長投資枠の場合

株だけ

C株　60万円
B株　60万円
A株　120万円

または

投資信託だけ

F投信　60万円
E投信　120万円
D投信　60万円

株だけでもいいし、投資信託だけでもOK

こんな感じに分散すれば
リスクヘッジになるわね

株と投資信託の両方

REIT　60万円
ETF　60万円
D投信　80万円
B株　20万円
A株　20万円

いろんな金融商品の
勉強をしなくっちゃ

分散投資はリスクの軽減に大きな効果があります。
いろいろな組み合わせを考えましょう

14 すでに投資を行っている場合の注意点は？
保有している金融商品の移管はできない

すでに保有している商品をNISA口座に移すことはできない

現在、すでに課税口座や旧NISA口座で金融商品を保有している人のなかには、それらを新しいNISAの口座に移せないかと考えている人もいるかもしれません。

しかし、残念ながら、新しいNISA口座で運用できる金融商品は、その口座で新たに購入したものに限定されます。そのため、すでに保有しているものを売却せずにそのままNISA口座に移管することはできません。

保有を続けながら新しいNISAも活用したいのであれば、両方を並行して運用していくことになります。

金融商品を一度売却しNISAで買い直すべきか

これまでの口座に、いわゆる塩漬け（売ると損が出る状態なので、やむをえず長期保有していること）になってしまっているものがある場合には、一度売却して現金化し、NISAで運用するための資金に回すという方法も考えられるでしょう。また、値上がりしている場合でも、一度売却して利益を確定し、再び下がったところを待ってNISA口座で購入し直すという戦略もあるかもしれません。

ただし、株の場合は売買委託手数料がかかる可能性もあります。節税効果と比較してから実行することをおすすめします。

KEY WORD

余裕資金

当面使わない資金であり、投資に回せる資金のことを指す。日常の生活をするための資金は、余裕資金ではないので、投資に回す資金としては適さない。無理して投資をすると、よい結果をもたらさないので注意しよう。

すでに保有している金融商品の扱い

新しいNISA口座に移すことはできない

証券会社の証券口座

株式
投信

すでに持っている
株や投資信託など

銀行の投資信託口座

投信

すでに持っている
投資信託など

旧NISA口座

株式
投信

すでに持っている
株や投資信託など

新しいNISA口座

株式
投信

新規に購入

15 これをしないとせっかくの非課税が受けられない
株式数比例配分方式の選択を忘れずに

「NISA＝非課税」と思い込むと落とし穴が

NISA口座で株式投資を行いたいのであれば、口座を開設するときに、配当金の受け取り方法を正しく選ぶことが必要です。

配当金の受け取り方法には、「株式数比例配分方式」「登録配当金受領口座方式」「配当金領収証方式」「個別銘柄指定方式」の4つがあります。NISA口座で、株の配当金やETF、J-REITの分配金を非課税にするためには、これらのうち株式数比例配分方式を選ぶ必要があります。この場合、配当金は証券口座に直接入金されます。

選択を間違えると課税されることがある

一般的には、株式比例分配方式が初期設定されていることが多いのですが、この選択をうっかり間違えると、NISA口座であるにもかかわらず、配当金に約20％の税金がかかってしまいます。せっかくのNISAの非課税メリットを受けることができなくなってしまうのです。

選択方法は金融機関によっても異なりますが、ネット証券の場合は「マイページ」や「登録情報」などのページで確認・選択できます。配当金を受け取る前なら間に合いますので、正しく選択されているかをチェックしましょう。

KEY WORD

株式数比例配分方式

株式の発行会社から証券会社を経由して証券口座に配当金が入金される方法。NISA口座で保有する上場株式等の配当金が非課税となるのはこれを選択した場合のみ。

配当があるなら必ずチェック

口座開設時に株式数比例配分方式を選択

ここで間違えてしまうと配当金が
非課税にならないんだ!

上場株式などの配当金の受け取り方法

ゆうちょ銀行や郵便局で受け取る	指定の銀行口座で受け取る	証券会社の取引口座で受け取る
配当金領収証方式	**登録配当金受領口座方式** **個別銘柄指定方式**	**株式数比例配分方式**
↓	↓	↓
配当金に20%課税される	配当金に20%課税される	NISA口座なら **配当金は非課税**

NISA口座の開設時・開設後に確認が必要

あとから知らなかった、じゃすまないよね

配当金の受け取り方には4種類あるので
間違わないようにしましょう

16 NISAにあるもう1つのメリット

NISA口座での取引なら確定申告が不要

課税口座では確定申告と無縁ではいられない

投資で利益が出たときには、通常、その利益に対して税金がかかります。売買によって得た利益は譲渡所得として、また株の配当金や投資信託の普通分配金を受け取ったときには配当所得として、課税されます。

証券会社で証券口座を開設するときや、銀行で投資信託口座を開設するとき、通常は特定口座の「源泉徴収あり」「源泉徴収なし」のいずれかを選ぶことになります。

特定口座は課税口座の1つで、「源泉徴収あり」を選ぶと、金融機関が税金を計算し、代わりに税金を納めてくれます。「源泉徴収なし」を選ぶと、年間の利益が20万円以下の場合をのぞき、原則としてその利益についての確定申告が必要です。

NISA口座なら利益にかかわらず確定申告が不要

一方、NISA口座で取引した場合は、利益の金額にかかわらず、面倒な確定申告の必要はありません。その理由は、非課税口座であるNISA口座で投資して得られた売却益や配当金、分配金は、たとえそれがいくらであっても課税の対象にならないからです。

非課税であることに加え、確定申告の手間まで省けるのも、NISAならではの大きなメリットといえます。

KEY WORD

源泉徴収

給与・報酬などの支払者が、給与・報酬などを支払う場合にあらかじめ所得税などを差し引いて、代わりに国などに納付する制度。支払い過ぎたり、不足分の税金は年末調整で精算する。

NISAで利益が出たときは?

非課税なので確定申告は必要ない

株　NISA口座以外　投資信託

売却益・配当金・分配金に課税

20.315%

住民税+所得税+復興特別所得税

本来なら、株や投資信託を売って得た利益は「譲渡所得」「配当所得」となって、税金を支払うんだね

場合によっては確定申告が必要

一般口座	特定口座(源泉徴収あり)	特定口座(源泉徴収なし)
自分で年間の損益を計算し、確定申告をする	金融機関が損益を計算し、税金を源泉徴収してくれる	金融機関が年間の損益を計算し、それをもとに確定申告をする
	原則として確定申告は不要	

株　NISA口座　投資信託

売却益・配当金・分配金が非課税

確定申告の必要なし!

NISA口座で取引した場合、
利益はいくらであっても確定申告は不要なのです

17

知っておきたいＮＩＳＡ口座のデメリット

売却損が出ても損益通算ができない

課税口座で適用される税制上の優遇制度がある

ＮＩＳＡ口座でなく、課税口座ならではの税金に対する優遇制度もあります。

例えば、２つの証券会社の課税口座（Ａ口座とＢ口座）で資産運用をしていたとしましょう。Ａ口座では１００万円の利益が出たものの、Ｂ口座では40万円の損失を出し、結局その年の成績は60万円のプラスでした。この場合、確定申告をすれば、プラスとマイナスを差し引きした60万円に対してのみ課税されます。

これを「損益通算」といいます。その年内で発生したプラスマイナスを相殺して最後に税額を調整する方法です。

ＮＩＳＡ口座では損失が出た際の優遇制度が適用されない

このように課税口座には損益通算という制度があります。ところが利益が出ても課税の対象にならないＮＩＳＡ口座では、こうした損益通算が使えません。

仮に同じく２つの口座で運用していたとしましょう。課税口座で１００万円利益が出て、ＮＩＳＡ口座では40万円の損失が出た場合を考えます。損益通算できれば左図上段のように約12万円の税金で済みますが、ＮＩＳＡ口座での損失は損益通算ができないので、左図下段のように１００万円の利益に対して約20％、つまり約20万円の税金がかかるのです。

KEY WORD

所得税の確定申告

1月1日から12月31日までの1年間を課税期間として、納付すべき所得を確定すること。会社員は年末調整で済ませることが多いが、株で損失が出た場合などは、確定申告すれば、税金の還付を受けられることもある。

NISA口座で損失が出てしまった場合

課税口座との損益通算ができない

NISA口座で損失が出ても、
課税口座の損益と相殺できないのかー

複数の課税口座で運用した場合

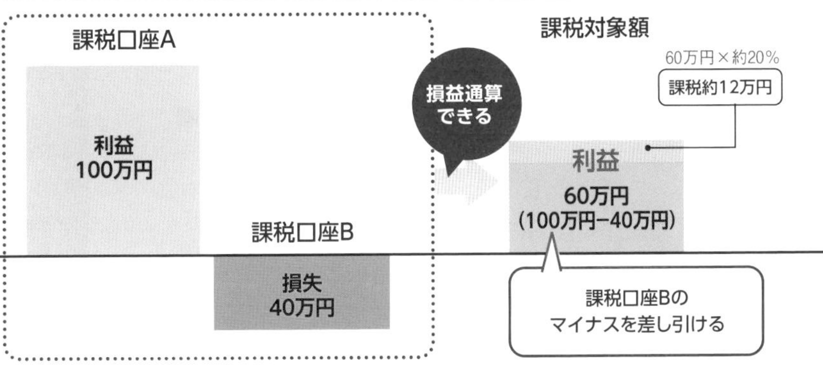

課税口座とNISA口座で運用した場合

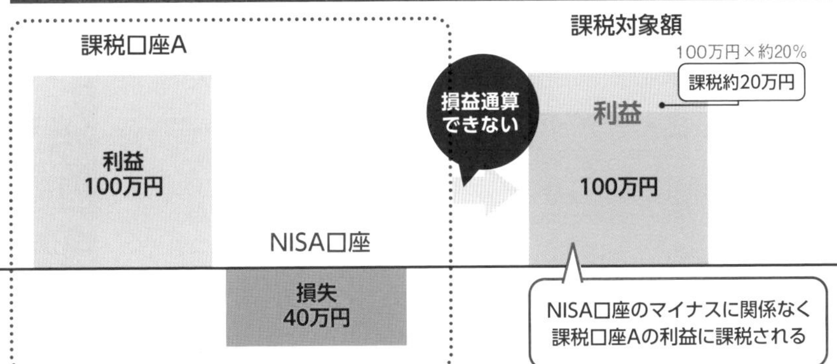

NISA口座での利益は確定申告が不要な代わりに
売却損が出ても損益通算ができません

18 NISA口座は対象外なので要注意
譲渡損失の繰越控除も適用されない

投資で損失が出ても、利益と通算できる制度

課税口座ならではの税金の優遇制度として、もう1つ、「譲渡損失の繰越控除」があります。しかし、これも損益通算と同じく、残念ながらNISA口座では適用することができません。

譲渡損失の繰越控除とは、ある年に投資で損失が出てしまった場合、向こう3年間繰り越して、利益から控除できるというしくみです。例えば、ある年に投資で100万円の損失が出たものの、その翌年に20万円の利益を上げることができたとします。この場合、前年の損失100万円と相殺し、利益はなかったとみなされます。つまり、年をまたいで損益を通算し、損失分が残っているうちは課税されないのです。

NISA口座以外での投資は数年スパンで確認をしよう

この例では、繰越2年目となる次の年にさらに30万円の利益が出ても、80万円の損失を繰り越しているので課税されません。3年目に40万円の利益が出たとしても、まだ繰越した損失が50万円残っているので、この場合も税金はかからないのです。

譲渡損失の繰越控除を受けるには、損失を出した年に確定申告を行い、毎年申告しておく必要があります。NISA口座は対象外ですが、こうした制度があることはおぼえておきましょう。

ONE POINT

譲渡損失の繰越控除

損益通算や譲渡損失の繰越控除を適用をするには、確定申告が必要となる。また、3年間繰り越しをするためには、売買をしていない年があったとしても連続して確定申告が必要。

譲渡損失の繰越控除とは?

損失を3年間繰り越しながら利益と相殺できる

①損失を出した年

損失
100万円

100万円の損失について、確定申告で譲渡損失の繰越控除を申請する

② 1 年目

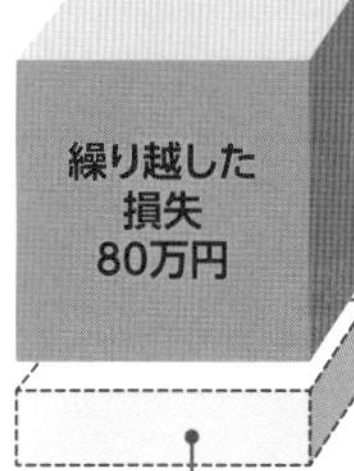

利益20万円

20万円の控除
(税金はゼロ)

①の損失と当年の利益分を相殺できる

③2年目

②で繰り越した損失と当年の利益分を相殺できる

利益30万円

30万円の控除
(税金はゼロ)

④ 3 年目

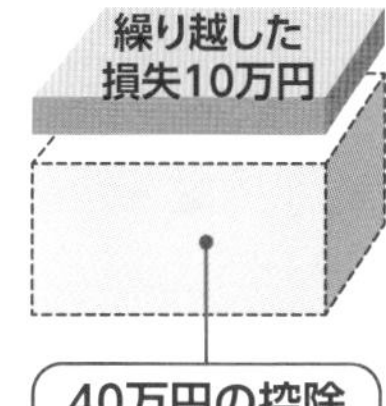

利益40万円

40万円の控除
(税金はゼロ)

③で繰り越した損失と当年の利益分を相殺できる。**３年目なのでこれ以上は繰り越せない**

NISAでは適用にならないけど、
おぼえておく価値はありますね

NISA口座は**利益が出てこそ**
メリットが大きい制度といえますね

Chapter

3

成長投資枠と つみたて投資枠を使いこなそう

新しいNISAは2つの枠を自在に使えるのがポイント。しかも、旧NISAよりも投資できる金額が大幅にアップしました。違いと使い分けを考えましょう。

オレは
2つのNISAを
手に入れたぜ！
パラパッパッパ
パッパー
NISA
NISA
成長投資枠と
つみたて投資枠のこと？
知ってたのか！
成長著しいオレには
成長投資枠がぴったりだな
コホン
成長投資枠
つみたて投資枠
この2つって
両方使えるんだっけ？
旧NISAでは
選ばなければ
いけなかったとか…
1つなんて
選べないわ…
オレを選んだ
ときのことを
思い出して！
シュンペイ…
そのあたりも
詳しく解説
しましょう！
神出鬼没だなあ

01 成長投資枠とつみたて投資枠の違い

新しいNISAの2つの枠の違いをおぼえる

新しいNISAには2つの枠があるのは先に述べたとおりです。株も購入できる成長投資枠は年間240万円、投資信託の積立に特化したつみたて投資枠は年間120万円まで非課税で投資ができます。併用できるとはいえ、年間の非課税投資枠には2倍の差があるということになります。

非課税保有限度額（総枠）についても枠による違いがあります。最大1800万円の非課税保有限度額のうち、成長投資枠で購入できるのは1200万円までです。一方のつみたて投資枠は、成長投資枠と合計して最大1800万円となっています。

2つの枠で投資できる商品の違いを把握しておこう

成長投資枠とつみたて投資枠のそのほかのおもな違いは次のとおりです。

- 成長投資枠では国内外の株や投資信託をはじめ幅広い商品が購入できるが、つみたて投資枠では、投資できる商品が限定されている
- つみたて投資枠では、一定期間に一定金額を投資する積立投資をするのが原則

また、注意したいのが、一度購入したら枠の変更はできないということです。つみたて投資枠で購入した商品を成長投資枠に変更したい場合には、一度売却して買い直す必要があります。

KEY WORD

積立投資

毎月など一定の間隔で、一定の量や一定の金額を積み立てていく投資手法のこと。金額が同じであれば対象の金融商品が安いときは多く、高いときは少ない量を購入でき、ドルコスト平均法の効果が得られる。

2つの枠の違いを確認

年間では成長投資枠、総枠ではつみたて投資枠が大きい

1年間で投資できるのは
成長投資枠のほうが大きいのね

	成長投資枠	つみたて投資枠
年間の非課税投資枠	年間240万円まで	年間120万円まで
非課税保有限度額（総枠）	最大1200万円	（成長投資枠との合計で）最大1800万円

成長投資枠とつみたて投資枠で購入できる金融商品

成長投資枠で投資できる金融商品

- 日本株
- 外国株
- 投資信託
- ETF（➡P154）
- REIT（➡P156）　ほか

つみたて投資枠で投資できる金融商品

- 金融庁の基準を満たした投資信託

成長投資枠では多彩な商品に投資できるが、つみたて投資枠では金融庁が認めた投資信託を積み立てする。成長投資枠は、つみたて投資枠の商品も購入可能

旧NISAに比べて**投資枠が大幅にアップ**しました。
上手に枠を使い分けて、**最大限活用**しましょう

02

株をはじめ、運用できる商品が多彩

成長投資枠で購入できる金融商品

成長投資枠の使い方をしっかり検討する

新しいNISAの成長投資枠は、旧NISAの一般NISAの役割を引き継いだものです。株や投資信託など、つみたて投資枠よりも幅広い商品を購入できることが特徴です。購入できる金融商品の種類が多い分、慎重に検討して選ぶ必要があります。

年間240万円まで非課税で投資できるので、まとまった資金を使った投資にも適しています。もちろん、少額でも投資可能なので、資金に余裕はないけれど積極的に増やしたいという人にもおすすめです。

また、成長投資枠は、つみたて投資枠と同様に投資信託を積み立てることもできます。年間120万円を超えて積立投資がしたい場合、成長投資枠も使って積立ができるのです。

成長投資枠でも対象外の金融商品がある

左ページの金融商品に加え、株や投資信託でも、次のような商品は対象外です。

①整理・監理銘柄
②信託期間20年未満の投資信託
③高レバレッジの投資信託
④毎月分配型の投資信託

成長投資枠で購入できる投資信託やETF、REIT（➡5章）の対象商品は投資信託協会のウェブサイトに掲載されています。こちらも確認しておきましょう。

ONE POINT

成長投資枠の除外商品

あまり縛りのない成長投資枠だが、投機性の高い金融商品は対象から除外されている。これらは投資初心者が手を出すと大きな損失を負いかねない金融商品であるともいえる。

積極運用を中心にしたい成長投資枠

成長投資枠の対象・非対称商品

対象となる金融商品
国内株
国内の証券取引所に上場している株
外国株
海外の証券取引所に上場している株
株式投資信託
株が組み込まれた投資信託
国内 ETF
国内の証券取引所に上場している ETF
海外 ETF
海外の証券取引所に上場している ETF
ETN
上場投資証券、指数連動証券と呼ばれる
国内 REIT（J-REIT）
国内で運用される不動産投資信託
海外 REIT
海外で運用される不動産投資信託
新株予約権付社債
一定の条件で株を取得する権利を付与された社債

対象とならない金融商品
非上場株式
証券取引所に上場していない株
預貯金
預金者が金融機関に預けたお金
債券
国や企業が必要な資金を借り入れるため発行する有価証券
公社債投資信託
投資対象に株を一切組み入れない投資信託
MMF・MRF
公社債投資信託の１つ
CFD
証拠金を預託するデリバティブ商品
上場株価指数先物
日経平均株価などの指数の先物取引商品
FX（外国為替証拠金取引）
預けた証拠金の何倍もの取引が可能
金・プラチナ
実際にあるものに投資する実物取引の対象

成長投資枠で購入できる商品は多彩だけど、購入できない商品もあるんだね

初心者が手を出さないほうがいい
高リスクの商品は対象から除外されています

03 目的や経験によっても違う成長投資枠活用法

投資経験者にもうれしい成長投資枠の特徴

すでに株や投資信託への投資経験があるなら、これまでの一般NISAより格段に使いやすくなった成長投資枠を最大限活用したいところです。また、これまではつみたてNISAで長期の積立を行ってきたため、株については課税口座で売買していたという人にとっても新しいNISAはありがたい存在といえるでしょう。

初心者の場合は、まずはつみたて投資枠で積立を行い、値動きなどに慣れてきたら、成長投資枠で個別の株やスポットでの投資信託への投資をはじめるのがおすすめです。

せっかくはじめるなら最初から株の投資もしてみたいという場合は、この成長投資枠を使って少額からでもチャレンジしてみるのもよいでしょう。

年間240万円ある非課税投資枠で時間分散

手元にまとまった資金があるという場合でも、課税口座でまとめて投資せずに、NISA口座を活用して、時間によるリスク分散を考えるのが得策です。

例えば、資金が1000万円以上ある場合でも、あえて毎年240万円ずつタイミングを分けて、成長投資枠で投資をする方法も考えられます。あえて数年をかけて、時間を分散しながら投資するのです。

ONE POINT

成長投資枠

まとまった投資のための枠だと思われがちだが、つみたて投資枠と同様に積立投資をすることも可能。1か月当たりでは、「240万円÷12か月」で20万円、つみたて投資枠とあわせれば最大で毎月30万円の積立投資ができる。

大きな枠の成長投資枠を上手に活用

積立とスポット投資の併用にも便利

毎月コツコツ積み立てしながら…

	投信	投信	投信	投信
つみたて投資枠	¥10,000	¥10,000	¥10,000	¥10,000

成長投資枠

余裕資金のあるときや
ここぞというときに
スポットで投資

チャンスを生かした投資ができそうだね

大きな資金をあえて小分けにして投資

まとまった資金がある場合でも、NISAの枠に合わせて数年に分けて投資。小分けにすることで、リスクの分散にもなる。

資金：1,200万円

毎年、タイミングを分けて投資

成長投資枠をどう活用するかは、
自分次第といえそうですね

04 コツコツ積み立てて、長期で運用したい

長期・積立・分散投資にぴったりのつみたて投資枠

商品が限定されているから初心者でもはじめやすい

旧NISAのつみたてNISAの役割を引き継いだつみたて投資枠は、決められた投資信託の定期的な積立購入のみで運用可能な非課税枠です。長期で投資信託積立することで、将来に向けてそれぞれ安定的に資産形成ができることを目的として設けられています。

つみたて投資枠では、金融庁に届け出された投資信託から選ぶことになるので、投資初心者にとっても安心です。しかし、元本が保証されているわけではないことに注意しましょう。投資信託である以上、基準価額は変動するので、上がれば利益が出ますが、下がれば損失が発生します。

保有期間の無期限化で複利効果もさらに大きく

新しいNISAのメリットといえるのが、非課税保有期間の無期限化です。

つみたてNISAでは、最大20年だったので、20～30代でスタートすると老後を迎える前に期限がきてしまうしくみでした。しかし、新しいNISAになって、保有期間が無期限化されたので、老後まで運用を続けられるのはもちろん、複利の効果がさらに上がり、資産が増えることが期待できます。ライフスタイルの変化に合わせながら、20年以上の運用を目指したいところです。

KEY WORD

つみたてNISA

2018年からはじまった、20年間非課税で積み立てができる制度。年間の投資額は80万円と小さく、ロールオーバーなど分かりにくいしくみがあった。新しいNISAのつみたて投資枠に引き継がれ、制度もシンプルに。

つみたて投資枠でおぼえておきたい注意点

おもな注意点は5つ

損益通算ができないなど、
成長投資枠と共通する部分もありますね

つみたて投資枠の要注意POINT

商品が限定的	株は対象とならず、一部の株式投資信託とETFに限定される	
積立専用	決まった間隔で積み立てなければならないので、スポットで買うことはできない。	
分配金での再投資には枠が必要	分配金を再投資にまわすのにも非課税枠を利用するため、枠を使い切っていると再投資ができない	
損益通算ができない	売却などで損失が出てしまっても、課税口座の利益との損益通算ができない	
譲渡損失の繰り越し控除ができない	ある年に投資で損失が出てしまった場合、向こう3年間繰り越してその後、利益から控除できるしくみが利用できない	

長期保有が前提だから、損益通算や
繰り越し控除はあまり影響しないかな

つみたて投資枠は中・長期で積立投資が
しやすいように制度が設計されています

05 つみたて投資枠で買えるのは**厳選**された**投資信託**だけ

比較的リスクが低く、初心者でも挑戦しやすい投資信託がそろう

つみたて投資枠で購入できるのは基準を満たした投資信託のみ

つみたて投資枠で購入できる商品は、つみたてNISAの対象商品がそのまま引き継がれています。

対象となっているのは約5900本あるといわれる投資信託のうち、約200本のみ。金融庁の定めた基準をクリアしたものだけが対象となっています。その厳しい基準は次のとおりです。

1つめは、運用コストが安いものであることです。つみたて投資枠の対象となっている投資信託は販売手数料がなく（ノーロード）、信託報酬も一定水準以下のものに限られています。購入者にとっては、ありがたい商品ですね。

もう1つは、「毎月分配金の支払われる「毎月分配型ファンド」は対象外ということ。分配頻度が多いと、長期投資のメリットが生かせないため、除外されています。

つみたて投資枠で買える投資信託の種類

つみたて投資枠で購入できる投資信託には大きく分けると株に投資する株式型と、株や債券、REITなどに投資するバランス型があります。それぞれ国内だけ、海外だけ、国内外を合わせたものがあります。

それぞれの特徴を知り、リスクの大きさなどを加味したうえで、じっくりと選択しましょう。

KEY WORD

毎月分配型ファンド

1か月ごとに決算を行い、収益等の一部を分配金として、毎月購入者に分配する投資信託。こまめに運用成果を受け取れる反面、分配される分だけ再投資額が少なくなるので、投資効率が悪い。

つみたて投資枠の対象商品

長期・積立・分散投資に向いている

つみたて投資枠で購入できる金融商品は、基準を満たした株式投資信託とETFだけなんだね

おもな基準

低コスト	・販売手数料はゼロ（ノーロード） ・信託報酬は一定水準以下 （例：国内株のインデックス投信の場合、0.5％以下）
分配頻度が少ない	・毎年、分配金が支払われないこと
信託期間が長期	・無期限、または 20 年以上であること

販売手数料がなく、信託報酬が低く・毎月分配金を出さない投資信託

日経平均などの指標に連動するインデックスファンドがほとんどのようですね

つみたて投資枠の商品は、**比較的リスクが低く長期・分散に適した**ものが厳選されています

Chapter 3 成長投資枠とつみたて投資枠を使いこなそう

06

実際に積立をはじめるには？

つみたて投資枠の設定方法

つみたて投資枠を使うには商品・金額・頻度の設定が必要

つみたて投資枠を利用するには、積立投資で購入することが前提となっています。積立をするには、商品を決められたなかから選び、金額と積立頻度を設定する必要があります。商品は、もちろん複数でもかまいません。

積立金額も金融機関によって100円から、頻度も毎日や毎月などと多彩です。ボーナス月など、増額月の設定が可能な場合もあります。口座から積立てする以外にも、クレジットカードで積立ができるところもあります。自分のスタイルや予算に合った金額・頻度を選びましょう。

つみたて投資枠を利用するまでのステップ

NISA口座の開設が完了したなら、早速、商品を選択しましょう。

ネット証券やネット銀行の場合、投資信託のページを開いて、NISA対象の商品を絞り込み、そこから選択します。このとき商品の特徴やコストをしっかり比較することが大切です。

積立投資する商品が決まったら、金額と頻度を指定します。このあと、その商品の目論見書（➡P166）を確認してから、申し込みに進みます。目論見書の確認をしないと申し込みができないので、注意しましょう。

ONE POINT

100円からでも積立可能

金融機関によっては、毎月100円など非常に少ない金額でも積み立てることが可能。また、間隔も毎月はもちろん、毎週や毎日などもある。一方、スポット買いは成長投資枠を利用することになる。

つみたてNISAをはじめるまで

商品を選んで金額と積立頻度を設定

一度設定すれば、その後の
手間は最小限で済みそうだね

①金融機関の選択

商品ラインナップやサポート体制などを踏まえて金融機関を選択。
すでの開設している場合は、②へ。

クレジットカードで
積立できます

金融機関・B

金融機関・A

少額から積立
できます!

②商品の選択

金融庁に届け出された商品のなかから商品を選択する。
特徴をきちんと把握しよう。

③金額・積立頻度の設定

どんな頻度で、
いくら積み立てるのかを設定。
その際、目論見書（➡P166）を必ず確認すること。

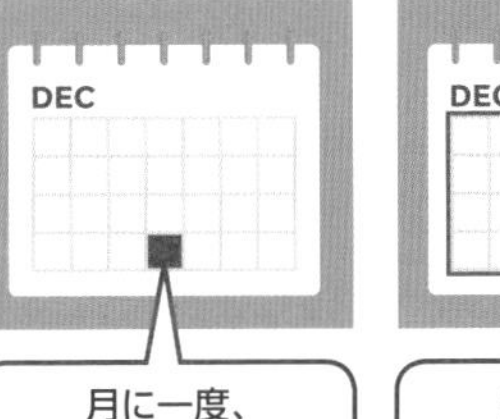

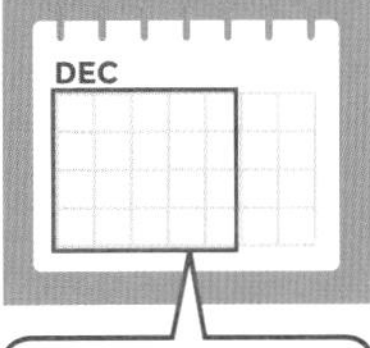

④申し込み

一度設定すれば、毎回自分で注文する
手間がないので、初心者でもではじめやすいでしょう

07 資金を2つの投資枠に配分するには？

2つの枠を上手に使いこなして、最大限の効果を上げる

性格の違う2つの枠の特徴を生かして投資する

これまでは、どちらか一方しか選べなかった一般NISAとつみたてNISAを同時に使えるのが新しいNISAの大きなメリットの1つです。ところが、2つの枠が併用できるようになったことで、逆にどのように使い分ければよいのか迷うこともあるかもしれません。

2つの投資枠を使い分ける基本の考え方としては、ある程度のリスクをとってでも積極的に増やしたいお金を成長投資枠で、将来のライフイベントや資金のためにコツコツと増やしたいお金をつみたて投資枠で、運用するということでしょう。

つみたて投資枠で利用できる商品はつみたて投資枠で運用

成長投資枠でしか投資できない商品は、当然、成長投資枠で購入します。両方で購入可能な商品なら、非課税保有限度額（総額）の大きいつみたて投資枠で運用しましょう。

ただし、年間の非課税投資枠は成長投資枠のほうが大きいので、120万円を超えて投資したい場合は、成長投資枠や両方で積立を行うのも1つの戦略です。

また、どちらの枠の場合も、非課税投資枠めいっぱいまで積立をしてしまうと、分配金を再投資に回せなくなるので、注意しましょう。

ONE POINT

NISAの目的

NISAは、政府が掲げる「貯蓄から資産形成」の中核にある施策で、個人投資家のための非課税制度だ。イギリスの制度にならって、2014年に創設された旧NISAが新しいNISAとして、2024年に改良された。

積極運用とコツコツ積立を併用

2つの枠を使いこなすおすすめ運用法

それぞれの枠の特徴を生かして投資するのね

成長投資枠	つみたて投資枠
ある程度リスクをとっても、積極的に増やしたいお金を投資	ライフイベントなどの資金として着実に増やしたいお金を投資

大きく積立投資したい場合

毎月10万円（年額120万円）を
超える投資をしたい場合

2つの枠をうまく利用すれば、積立投資も
毎月最大30万円まで使えるのか

つみたて投資枠	成長投資枠
毎月最大 10万円 （年間120万円）	毎月最大 20万円 （年間240万円）

※毎月均等に枠を使う場合

成長投資枠をつみたて投資枠のように
投資信託の積立に使うことも可能

限りある非課税投資枠なので、
どのように使うかよく考えて投資しましょう

ケース別NISA活用法①

08 成長投資枠を使った積極運用と配当狙い

成長投資枠は、積極的な投資で資金を増やすのに向いている

「せっかく投資をするのなら、株式投資で個別の株を売買して投資の醍醐味を味わいたい」という人には、成長投資枠がぴったりです。

株価の値動きで利益を得るには、当たり前ですが、安いときに買い、高いときに売ることが必要です。非常に簡単な原則ですが、これがなかなかむずかしく、安定して利益を出せるようになるのは簡単なことではありません。そのリスクをできるだけ軽減させるのが、分散投資です。業界が異なる銘柄を少しずつ保有することで、リスクを極力抑えることができます。

高配当や株主優待のある株式投資で運用に楽しみを

中・長期で株を保有すると、配当金を繰り返し受け取ることができます。一般的に株の配当利回りは、預貯金の金利よりも高いので、効率よくお金に働いてもらうことができます。

もちろん株なので、株価が下がって結果的にマイナスになることもあるかもしれません。逆に、株価も上がったうえに配当金ももらえる可能性もあります。配当金を再投資すれば、複利効果も得られます。

また、株主優待を楽しみにできるのも、成長投資枠で株に投資する醍醐味の1つでしょう。

KEY WORD

配当金

企業が株主に利益を分配することをいい、保有する株数に比例して支払われる。ただし、配当金は業績やその企業の方針にもよるので、預金金利のように必ず支払われるとは限らない。

成長投資枠では、積極運用を行う

経験に合わせた株式投資をしていこう

投資経験者

これから成長しそうな銘柄に投資してみよう!

値上がりが期待できるものをいくつか分散して購入

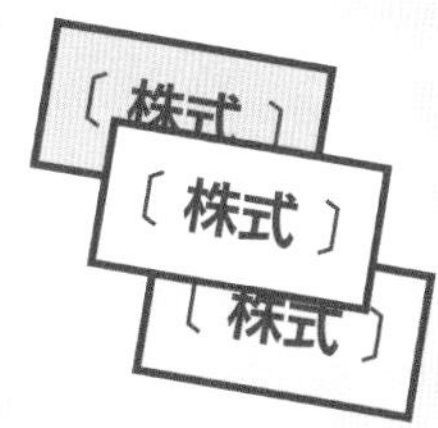

投資初心者

中・長期の株式投資で配当金や株主優待などのインカムゲイン(➡P96)を狙う

じっくり運用して、配当金や株主優待を狙うわ

配当金

業績上昇↑

株主優待

金券や日用品などもある

買い物優待券

ホテル宿泊券

航空割引券

初心者の人は、まずは**少ない資金から株式投資にチャレンジ**するのがおすすめです

Chapter 3 成長投資枠とつみたて投資枠を使いこなそう

09 ケース別NISA活用法②

ライフイベントに合わせてはじめる積立投資

つみたて投資枠で「ほったからし」運用!?

積立投資は、時間を味方につけて、長期間運用するのが基本です。しかも、まとまった資金がなくても少額から分散投資ができるのが積立投資のメリット。つみたて投資枠の非課税投資枠は年間120万円なので、最大毎月10万円を積み立てることができます。

とはいっても、投資の原則は余裕資金で行うこと。日常の生活に必要なお金には手を付けないで、無理なく捻出できる金額で積み立てましょう。一度設定したら、その後はほったらかしにするくらいの気持ちが大切です。

ライフイベントまでの期間を考慮して積立をはじめる

定年までに時間のある世代なら、将来の年金の足しにするためにiDeCo（⬇P182）で積み立てるのもいいかもしれません。ただし、iDeCoには途中で引き出しができないなど制限も多いので、NISAのつみたて投資枠を併用するのがおすすめです。NISAなら突然の大きな出費やライフイベント時にいつでも引き出すことができるからです。

例えば、20代で15年後の住宅資金のために積み立てるとしましょう。3万円を年4%の利回りで15年積み立てれば、540万円の元本が約736万円になります。

KEY WORD

定年

企業など勤める正規雇用者が一定の年齢に達したら退職する場合の年齢のこと。定年退職日は公務員の場合は法律で決まっているが、企業の場合は就業規則で定めるのが一般的だ。

預貯金だけではお金が増えない時代

ライフイベントに合わせて期間を設定しよう

将来のライフイベントまでの
時間を考えて
投資をはじめれば、
月々の投資額、期間、
目標額などが見えてくる

中・長期投資で、時間を味方に付けた運用をする

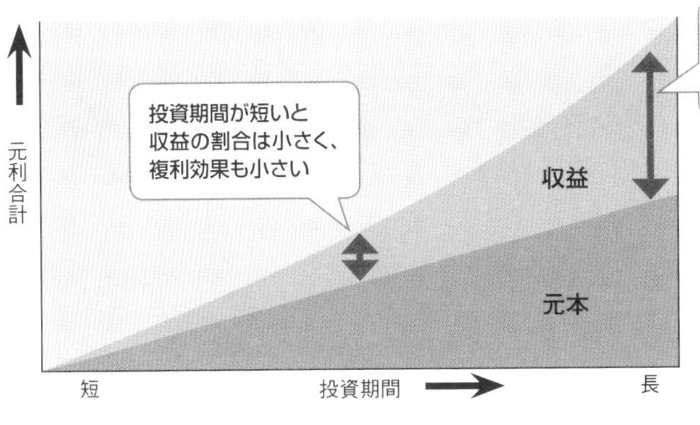

複利効果があるので、長期投資は有利なんですね

投資は時間が味方になってくれるので、
早くはじめればはじめるほど、有利ですよ

10 ケース別NISA活用法③
株の配当金で年金の不足分を補う

年金では不足する生活費を株の配当金でまかなう

残念ながら公的年金だけでは、老後の生活資金は十分ではない時代です。実際に年金だけでリタイア後の生活費をすべてまかなえると考えている人はほとんどいないでしょう。安心できる老後を迎えるためにも、早いうちから将来に備えることが大切です。それには、つみたて投資枠でコツコツと資産運用をすることが不可欠ですね。

しかし、すでにリタイアの時期が迫っていたり、リタイアしているのなら、現在ある余裕資金を投資に回して、株の配当金や投資信託の分配金で生活費を補填することも考えましょう。

退職金があるのなら、投資で日々の生活費を補填

退職金が支給されるのであれば、それを投資にまわすことを考えましょう。単純に退職金を切り崩しながら生活していくよりも、お金の寿命を延ばすことができます。

銘柄にもよりますが、配当金は決算期を基本に中間配当や期末配当として年1～2回受け取れます。安定して配当を行っていて決算期の異なる複数の銘柄に分散投資することによって、リスクを極力抑えながら、配当金がもらえる頻度を高めていきましょう。配当金で年金の不足分を補うことができ、直接的に生活資金の補填に役立てることができます。

KEY WORD

退職金

最近では退職金制度のある企業自体が減少しているが、1つの企業にずっと勤めていた場合、数千万円が退職時に支給されることもある。ただし、退職金は企業の存続が前提なので、自衛手段も必要。

配当金で年金の不足分を補うには

配当金を安定的にもらうには、長期投資が基本

配当金で年金の補填をするには、
安定した業種の銘柄を長期に保有することですね

配当金がもらえるタイミング

多くの場合、配当金は半年、または1年に1回

(1年)　(2年)　(3年)　時間

〔A銘柄〕 3月 ¥　9月 ¥　3月 ¥　9月 ¥　3月 ¥　9月 ¥

〔B銘柄〕 ¥ 6月　¥ 12月　¥ 6月　¥ 12月　¥ 6月　¥ 12月

決算期異なる銘柄を分散して保有することで、
年に1～2度ではなく何度も配当金をもらえる可能性も

複数銘柄を持つことで、
配当金がもらえる頻度を増やせるのですね

長期投資なら日々の**株価の変動に**
惑わされることなく配当を楽しみにできますよ

Chapter

4

うま味がたくさん！ 株式投資

株への投資はリスクがありますが、その分、大きなリターンが期待できます。また、リスクは工夫することで軽減できます。株のしくみと上手な付き合い方を知りましょう。

ワイ
ワイ
居酒屋
ワイ
ワイ
オレもついにNISAで投資生活をはじめたぞ！
ワイ
ワイ
すごいねちゃんと考えてるんだ
まだ口座を開いただけなんだけどね
それじゃあもうけの大きい株式投資をはじめてみれば？
株式ってリスクが大きいんじゃないの？
そんなの奥さんが許してくれないよ
リスク
ファンダメンタルズ分析やテクニカル分析などで株価の動きを予測できるようになれば
リスクは抑えられますよ
大竹先生！
うぐっ
く、詳しく教えてください！
ゴホッ
それではまずはしくみから解説していきましょう！
よろしくお願いします！
カンパーイ

01 株式投資のしくみを知ろう

NISAで株式投資をする前に知っておきたい基本

企業は株を発行して投資家から資金を集めている

NISA口座を活用した投資のなかでも、定番といえるのが株式投資です。これはどんなしくみの投資なのでしょうか。

企業は新しく設立するときに資金が必要となります。新たな商品を生み出す事業をはじめたり、設備投資を行ったり社員を増やしたりするためにも多額の資金が必要になります。その資金を調達する方法の1つが株の発行です。

自社株を証券取引所に上場することでだれでも売買できるようにしているのが、いわゆる「上場企業」です。2023年9月現在、日本には約3900社の上場企業があります。この上場企業の将来性に期待して株を購入するのが株式投資です。

株主になれば配当金や売却益を手にできる可能性も

投資家は株を購入すると、その企業の株主となります。企業が利益を出せば、株主に配当金としてその一部が還元されます。また、株価が上がったところで株を売却すれば、売却益（譲渡益）というかたちで利益を手にすることもできます。

企業が発行する株を売ったり買ったりする場所を株式市場といいます。東京証券取引所などの証券取引所がそれにあたり、投資家は証券会社を通じて証券取引所で企業の株を売買します。

KEY WORD

証券取引所

株などが売り買いされる場所。日本では東京証券取引所がその代表格で、ほかにも大阪証券取引所などがある。上場株式の売買価格（株価）は証券取引所で一定のルールに従って公正に決められる。

株式投資のしくみ

株と交換に投資家から資金を集める

上場企業は発行した株を投資家に
買ってもらって事業資金を集めるのね

株式投資のしくみ

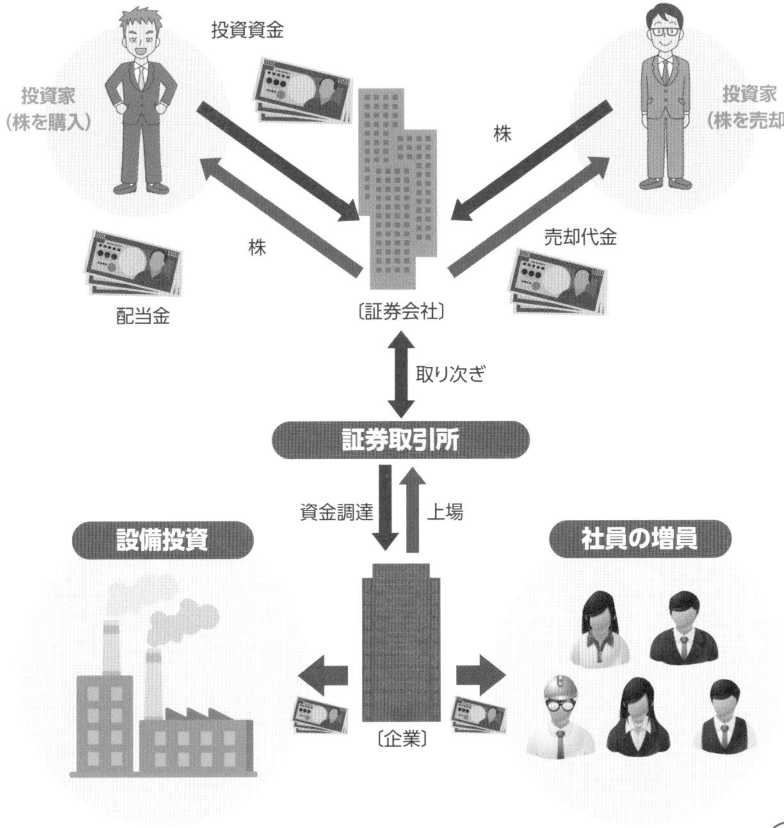

投資資金
投資家（株を購入）
株
配当金
〔証券会社〕
株
投資家（株を売却）
売却代金
取り次ぎ
証券取引所
資金調達
上場
設備投資
社員の増員
〔企業〕

株式投資をはじめるなら、**株のしくみや**
利益が出るしくみについても理解しておきましょう

02 キャピタルゲインとインカムゲイン

株式投資で得られる利益は売却益と配当金

購入時より株価が上がれば得られるキャピタルゲイン

株式投資の利益は大きく2種類あります。

1つめは、買った株が値上がりしたときに売って得られる差益で、売却益＝キャピタルゲインといいます。

例えば、1株2０００円の株を１００株、20万円で購入し、その後、株価が２５００円に値上がりしたとします。そこで売却すると、購入代金20万円と売却代金25万円の差額である5万円の売却益が得られます。

仮にＮＩＳＡの成長投資枠の非課税投資枠をめいっぱい使って２４０万円で１２００株を購入した場合、３００万円と２４０万円の差額の60万円を売却益として手にすることができます。

通常であればこの60万円の売却益に対して約20％（約12万円）の税金がかかります。しかし、ＮＩＳＡ口座であれば課税されず、まるまる60万円が手元に残るというわけです。

株を持っているだけで得られるインカムゲイン

2つめは、株を保有しているあいだに得られる配当金、つまりインカムゲインです。配当金や、広い意味では株主優待もこれにあたります。

ただし、配当金は、必ず支払われるとは限りません。業績が悪くなれば配当金が少なくなったり（減配）、まったくもらえない場合（無配）もあります。

売却益

譲渡益ともいう。売った金額（売却価格）から、取得したときの金額と売買に掛かった費用を差し引いた金額。NISA以外の口座では売却益に対して課税される。

株式投資で得られる2つの利益

株の売買で得られるキャピタルゲイン

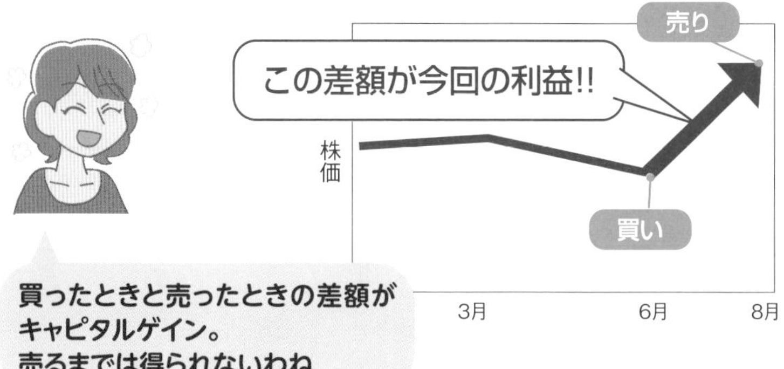

買ったときと売ったときの差額がキャピタルゲイン。売るまでは得られないわね

保有することで得られるインカムゲイン

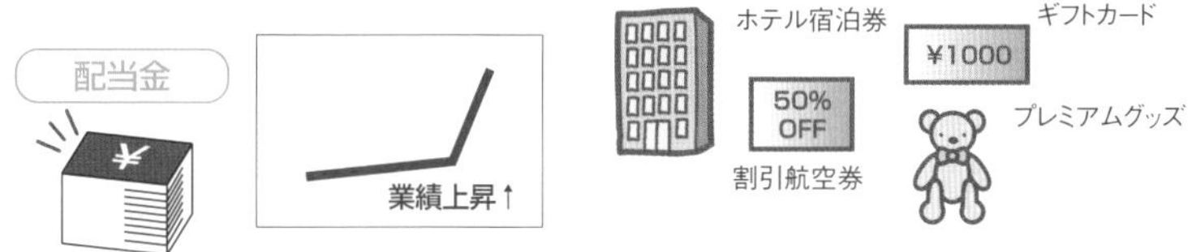

キャピタルゲインが株を売却したときに得られるのに対し、インカムゲインは株を持ち続けることによって得られる利益。おもに配当金だが、株主優待も広い意味ではインカムゲインの1つ。

株式投資には、いろんな楽しみがありますね
余裕をもってのぞめば、投資も楽しくなります

2つの利益は得られるタイミングが異なります。
おもにどちらを狙うのかを考えてみましょう

03

売却して、はじめて利益となるけれど……

キャピタルゲインは株式投資の醍醐味

株価の値動きに一喜一憂しないのが成功の秘訣か?

キャピタルゲインは、株を買って、値上がりしたところで売ることで得られます。株の売買には、売りから入る信用取引という方法もありますが、NISAでは利用できません。

株価の値動きは、大きな銘柄からあまり動きのない銘柄までさまざま。値動きの大きな銘柄の場合、大きな利益を得られることもありますが、逆に大きな損失を被る可能性もあります。株の売買は、預貯金や5章で解説する投資信託などに比べると、リスクの高い「ハイリスクハイリターン」の投資であるといえます。

株価の動く原因を知るのがキャピタルゲインを得るコツ

キャピタルゲインは買った株が値上がりすることで得られることができる利益なので、株価がどのように動くのかを知っておく必要があります。

販売している商品が大ヒットした、画期的な商品を開発した……、などのビッグニュースでも株価は動きますが、それだけではありません。企業の業績はもちろん、企業を取り巻く経済指標やうわさまで、株価はさまざまな要因で動きます。毎日、これらを入念に調査するのはむずかしいのですが、動く原因を知っておけば、慌てずに対処することができるようになります。

KEY WORD

信用取引

保証金の数倍の取引ができるので、少額の資金で大きな取引ができる。証券会社などから株式を借りて、市場で売ることからはじめる取引も可能。売ることからはじめた場合、株価が下落することで利益が発生する。

売買の差額が大きいほど利益も大きい

株価が動くしくみを知って、売買に生かそう

株価が動く原因

経済指標

経済指標も大きな要因の1つ。ただし、経済指標がよくても下がる銘柄も！

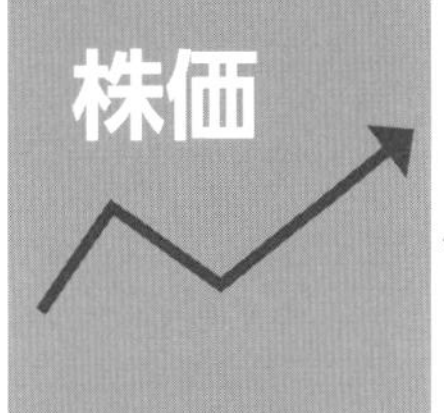

人々の思惑

新製品がヒットすれば、その会社の業績がよくなり株価が上がるのでは…など、人々の思惑が株価を動かす

企業の業績

企業の業績は、株価を動かす最も大きな要因。経済新聞などでの企業の研究が欠かせない

需要と供給

株価がある一定の価格まで上昇すると、今度は多くの人が利益を出そうとして売却するため、下落に転じることもある

社会情勢

戦争や世界的な疫病の発生などでも大きく動く

その他の要因

原因が特定できないのに大きく動く場合もある

百発百中でキャピタルゲインを得るのはむずかしいですが、**経験を重ねて勝率を上げて**いきましょう

04 預貯金を上回る収益が魅力のインカムゲイン

保有中に繰り返しもらえるので、中・長期投資にぴったり

中・長期で保有することで得られるのが配当金

株を中・長期で保有することで得られるのが、インカムゲインの1つである配当金です。

株というと、短期間に売買を繰り返して利益を得るというイメージをもっている人も多いかもしれませんが、インカムゲインの1つである配当金は、権利確定日と呼ばれる日に株を保有していることで、株数に応じてもらうことができます。

配当利回りの平均は預貯金を大きく上回る

銘柄によっては、株価に対する配当金の割合（配当利回り）が5%を超えるものもあります。東京証券取引所全体での平均利回りは約2%（2023年9月現在）で、預貯金を大きく上回ります。

ただし、それぞれの企業の方針や業績により、配当金がなかったり、配当利回りが低い場合もあります。昨今では株主重視の風潮が強まっていたり、資金調達のため配当金を重視している企業も目立ってきています。配当利回りは、会社四季報や証券会社のウェブページなどで調べられます。

また、銘柄によっては株主優待をもらえる場合もあります。魅力的な商品や金券などもあり、こちらも注目です。金券など換金性の高い株主優待について「優待利回り」として考えることもあります。

KEY WORD

配当利回り

株価に対する年間の配当金の割合を示す。1株あたりの年間配当金を現在、または購入時点の株価で割って求められる。株価が1000円で、配当金が年50円なら、配当利回りは5.0%になる。

配当金は、中・長期投資の魅力の1つ

配当金をもらうには、権利確定日に株を保有していること

権利確定日とは

日	月	火	水	木	金	土
				1	2	3
4	5	6	7	8	9	10
11	12	13	14	15	16	17
18	19	20	21	22	23	24
25	26	27	28	29	30	31

権利確定日

権利確定日は、証券会社の銘柄詳細のページなどで確認できる。ただし、買い付けは、引渡日の関係から2営業日前までに行う必要がある。例えば、左の図で26日が権利確定日なら、土日祝日をのぞいた2営業日前の22日までに買い付けが完了しなければならない。

これは気をつけないと！

日本のおもな企業の株価と配当利回り

企業名	株価	配当利回り
トヨタ自動車	2395円	2.58%
ソニーグループ	11860円	0.67%
NTT	165.1円	3.02%
三菱UFJ銀行	1136.5円	3.60%
日本たばこ産業	3135円	5.99%

※株価は、2023年8月25日終値。配当利回りは、日本経済新聞記者の予想配当利回り

配当利回りは、預貯金よりもかなり高いですが、**約束されたものではないこと**に注意しましょう

05 株主の特権！株主優待も楽しみの1つ

中・長期投資のうれしいおまけが株主優待

株を保有することの楽しみの1つに株主優待があります。株主優待も権利確定日に原則として1単元以上の株を持っていればもらうことができます。現在、上場企業のうち約1500社が実施しています。

基本的には自社商品やサービスなどの優待品が株主に対して贈られますが、なかにはほかでは手に入らないオリジナルグッズなどがもらえる場合もあります。

長期保有で優待商品がランクアップすることも

株主優待を受けるのには、権利確定日に株主である必要があります。そのためは、配当金の受取と同様に、権利確定日の2営業日前までに取引が成立していなければなりません。

株主優待をもらうための1単元の必要資金は企業ごとに異なります。株価によっては、数万円以下の投資でも株主優待が受けられることもあります。中・長期投資で保有していれば、1年や半年ごとに、何度も繰り返し株主優待が受けられます。同じ銘柄を保有し続ける楽しみになったり、モチベーションの維持にもぴったりですね。

なお、企業によっては株数や保有期間に応じて、優待商品がランクアップすることもあります。そちらもチェックしておきましょう。

KEY WORD

受け渡し

株を売買した場合、注文が成立した日（約定日）から2営業日後に代金の決済（受け渡し）が行われる。この日を受渡日という。売却の場合、受渡日に売却代金が証券口座に入金される。

株所有のお楽しみ・株主優待

優待内容は証券会社のホームページでチェック

優待の内容は証券会社の銘柄詳細のページや株主優待の専用サイトで確認しよう

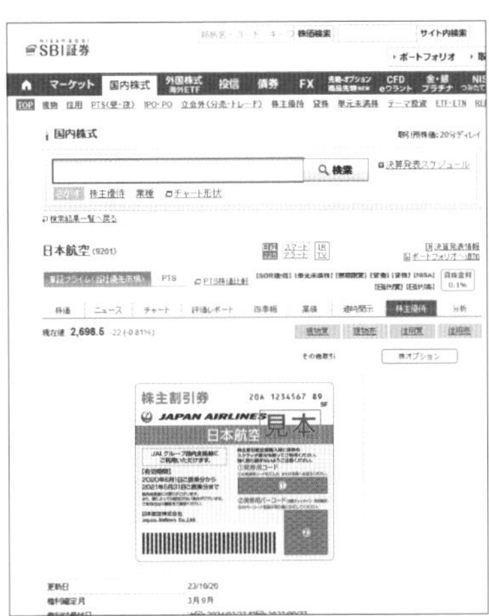

↑SBI証券の銘柄詳細のページにある
株主優待情報

いろいろな優待が
あるから、
見ているだけでも
たのしいね

証券会社によっては銘柄詳細のページに、株主優待のコーナーがあり、その企業の優待を詳しく解説している。株主優待をまとめたサイトもあるので、確認してみよう。

人気のある株主優待と最低必要金額

企業名	優待内容	最低必要金額
日本マクドナルドHD	食事優待券	約58万円
KDDI	3000円相当のギフト	約48万円
ライオン	自社製品詰め合わせ	約15万円
オリエンタルランド	1デーパスポート	約25万円

※最低必要金額は2023年9月19日の終値に必要株数を掛けたもの。変更の場合もあるので、各社のページなどでの確認が必要

株主優待も配当金とともに、**長期保有をすると繰り返しもらえる**のでうれしいですね

06 株を購入するまでの基本の流れ

全体の流れを把握しておくことが大切

まず証券会社の口座に資金を入金することが必要

ここまで、株式投資の基本的なしくみと利益について説明してきました。ここでは、株を買ってから売るまでの流れについて見てみましょう。

NISA口座で株を買うには、証券会社に証券口座とNISA口座を開設し、そこに購入資金を入金することが必要です。これで購入する準備は完了です。

次に、自分が買いたい銘柄を選びます。買いたい銘柄が決まったら、証券会社に買い注文を出します。注文内容は、どの銘柄を何株、どんな方法で買う（成行（なりゆき）注文、または指値（さしね）注文など⬇P106）のか、などです。

取引が成立することではじめて株主になれる

出した注文の取引が成立することを約定（やくじょう）といいます。約定すると、株は買った人のものになり、購入者は株主となるのです。

株を売るときにも、買うときと同様、売りたい銘柄、売りたい株数などを決め、注文を出します。保有株数すべてではなく、一部だけでも売却が可能です。

取引が成立すると受渡日に証券口座に売却代金が入金されます。入金されたお金は、そのまま預けておくこともできますし、引き出して現金化することもできます。ただし、売却から現金化までには数日を要するので注意が必要です。

ONE POINT 注文期間

売買注文を出すときには、その注文有効期間を意識することが重要。注文期間を当日中として発注した場合、その日に取引が成立しなければ、その注文は取り消しとなる。注文期間のルールは証券会社によって異なる。

株を購入するまでの基本的な流れ

取引成立までの5STEP

お金を持っていけばすぐ買える、ってものではないのね

STEP 1 証券会社で証券口座とNISA口座を開設

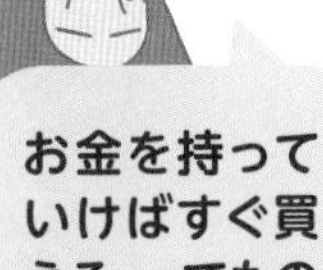

店頭窓口もしくはネットを利用してパソコンなどからでも開設は可能

STEP 2 証券口座へ資金を入金する

証券会社に銀行から振り込むほか、ネットバンキングで入金することもできる

STEP 3 銘柄の選択

情報を分析して、購入する銘柄を選ぶ

STEP 4 買い注文を出す

銘柄や株数を指定し、注文する

STEP 5 約定（取引成立）

約定すると株が自分のものになり、晴れて株主になれる

STEP3の銘柄の選択とSTEP4の注文を出すタイミングが特に重要ですね

07 注文方法の基本は成行と指値の2つ

取引成立を重視するか、売買価格を重視するかで異なる注文方法

取引の成立を重視したいときは成行注文

株の注文方法には大きく分けて成行（なりゆき）注文と指値（さしね）注文の2つがあります。

成行注文とは、現在の相場価格で株を購入または売却する方法です。発注すれば高い確率で約定できるので、少しの価格の変動に目をつぶってでも必ず取引を成立させたい場合に利用します。

ただし、その銘柄に一気に人気が集中した場合など、株価が急激に上昇していくこともあるでしょう。そうすると思わぬ高値で購入することにもなりかねないので注意が必要です。相場が安定しているときに利用するとよい注文方法といえます。

希望した価格で取引できる指値注文

指値注文とは、銘柄と株数、買いたい・売りたい価格を指定して注文する方法です。

指値注文のメリットは、希望した価格で買ったり売ったりできる点です。例えば、500円の指値注文では株価が500円以下にならなければ買いは成立しません。指値よりも不利な価格で取引が成立することはないので安心です。

ただし、指値が相場から大きく離れているといつまでたっても取引が成立しないので、相場を見て値段を決めることが必要です。

これら2つの注文方法を臨機応変に使い分けることが基本となります。

KEY WORD

相場

市場におけるそのときそのときの値段のこと。株式市場で決まる株の値段は「株式相場（株価）」。外国為替市場で決まる、異なる通貨が交換（売買）されるときの交換比率は「為替相場（為替レート）」。

2つある株式の売買の方法

成行注文と指値注文とは

ただ「これが買いたい」だけじゃ注文できないんだね

成行注文

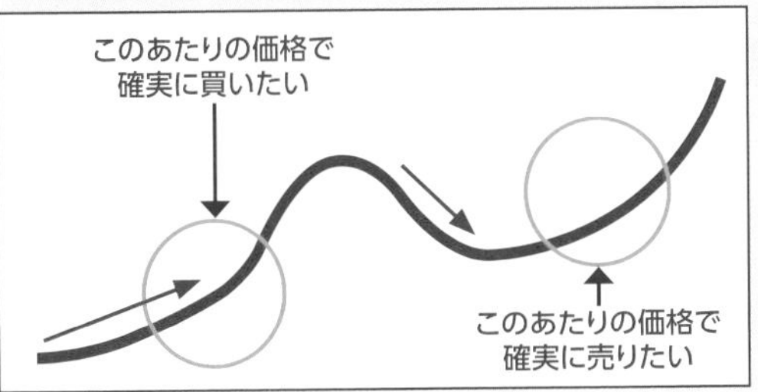

成行注文は売買価格にこだわらず、約定することを優先した注文方法

指値注文

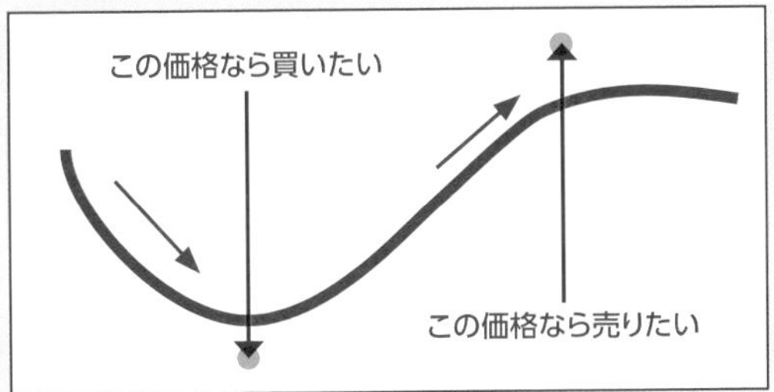

指値注文は、指定した価格まで下がったら「買い」、指定した価格まで上がったら「売り」注文を出す方法

とにかく約定させたい「成行注文」と、値段重視の「指値注文」ってことね

株価の動きによっても成行注文と指値注文のどちらかを選ぶべきかが変わってきますよ

08 株式投資にかかるコストを知っておこう

最終的な収益がどのくらい出るのかにも直結

証券会社には売買委託手数料を払う

株式投資は、証券会社に注文を取り次いでもらう必要があります。そのため通常は、証券会社に手数料を支払うことになります。その代表的なものが売買委託手数料です。

売買委託手数料は、その名のとおり株式の売買を証券会社に委託する代わりに支払う手数料で、株を買ったときにも売ったときもかかります。もし株価が値上がりして利益が出そうでも、売買委託手数料を支払うと利益がわずかしか残らない、ということもあるので注意しましょう。

売買委託手数料は証券会社によってまちまちで、ネット証券のほうが総合証券に比べて安さが目立ち、なかには条件を満たせば手数料が無料の証券会社もあります。国内株か、外国株かによっても異なり、外国株のほうが国内株よりも手数料が高くなっています。

総合証券では口座管理料がかかる場合も

NISAで株式投資をはじめるには、証券会社などで証券口座を持っていることが前提です。最近ではほとんどありませんが、1年ごとに口座管理料がかかるところもあります。口座管理料がかかるのは店舗をかまえている総合証券の場合が多く、投資のアドバイスなど手厚いサービスを受けられるといったメリットもあります。

KEY WORD

ネット証券

インターネットを利用して売買を行うオンライン専門の証券会社のこと。口座開設から実際の取引にいたるまで、すべてオンラインで行うことができる。総合証券にも、ネット支店がある場合も。

株の購入代金以外にも必要なコストがある

購入時と売却時の両方で手数料が発生

証券会社によっては、
売買委託手数料が無料の場合もあるよ！

株を購入するとき

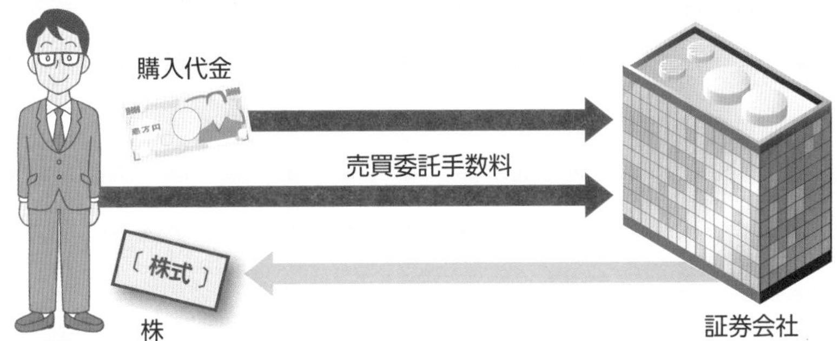

株を売却するとき

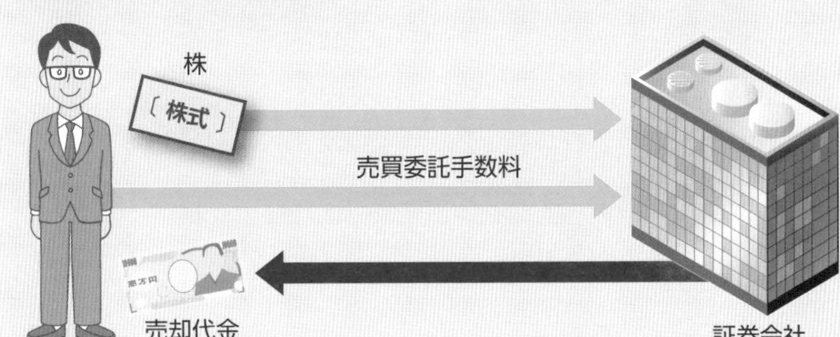

最近は、手数料は低くなる傾向にあります。
無料で取引できる証券会社もあるので、要チェックです

09 少ない資金でも株の売買ができるサービス

1株からでも購入できる単元未満株

お小遣い程度ではじめられる株式投資がある

株は単元と呼ばれる単位で取引するのが原則です。現在、上場企業の単元株数はすべて100株となっています。しかし、1単元分の資金を用意することがむずかしい、最初は少額ではじめてみたいという場合もあるはずです。そんな人におすすめなのが単元未満株。これは単元株数にかかわらず、1株から任意の株数で取引ができる証券会社独自のサービスです。

例えば、株価が3000円の場合、1単元では最低でも30万円の資金が必要です。しかし、単元未満株サービスなら、1株、つまり3000円から購入することができます。

単元未満株ならNISAの非課税枠に合わせられる

NISAの成長投資枠の非課税投資枠は年間240万円です。そのため、1単元で240万円を超える銘柄を買うことはできませんし、残った枠でもう1銘柄買うには少し足りない場合もあるでしょう。そんな場合にも、単元未満株サービスなら枠に合わせて株数を調整して購入することができます。

単元未満株でも保有株数に応じて配当金を受け取ることができますが、株主総会での議決権の行使は認められません。また、1単元に満たないので、通常、株主優待ももらうことができません。

KEY WORD

単元未満株

最低売買単位（1単元）である100株に満たない株のこと。単元未満株のみを保有している株主には株主総会での議決権がない。

単元未満株で、手軽に投資

少ない資金で株式投資ができる

興味がある企業でもたくさんの資金が必要だとなかなかね…

人気企業の株も、単元未満株なら1株から購入できる

単元株		単元未満株
100株	→	1株
株価3000円の銘柄が欲しくても **30万円ないと買えない…**		株価3000円の銘柄を1株なら **3000円で買える!**

将来1単元の株主になれば、株主総会での議決権も得られる

10株　10株　10株　10株　→　100株

時間の経過

いずれ1単元になれば株主総会で議決権がもてるんですよね

NISAの成長投資枠で、**単元未満株をコツコツと買い増していく**のもいいですね

10 上場企業は約3900社！
株式投資での**銘柄**の**選び**方

多くの上場企業のなかから銘柄を選ぶには？

2023年9月時点で、東京証券取引所に上場している企業は約3900社あります。こんなにたくさんあると、どれを選んだらいいのか悩みますね。

1つの方法として、日ごろからなじみが深い企業、例えばよく使う日用品の会社やCMなどでよく見る会社のなかから選ぶという方法があります。

まずは知っている企業をいくつかピックアップし、その企業が上場しているかを調べましょう。もちろん、上場していなければ、いくら親近感のある企業でも基本的に株を購入することはできません。

実際に選ぶには、企業の研究が必要

株式投資で得られる利益には、前述したように、買ったときよりも高い株価で売って得られる売却益、中・長期で保有して得られる配当金や株主優待があります。まずは、これらのうち、どちらを中心に狙うのかを意識するとよいでしょう。

また、銘柄を分類する方法として、グロース株とバリュー株という考え方もあります。グロース株は成長株とも呼ばれ、これから大きな成長が期待できる銘柄です。バリュー株は、株式市場での評価が低く、株価が割安で放置されていることから、いずれ株価の上昇が期待される銘柄です。

KEY WORD

割安

バリュー株は割安株とも呼ばれる。株価が割安であるとは、企業価値に株価が伴っていないことをいう。注目度が低いと、割安で放置されやすい。割安株を見つけるのも株式投資の醍醐味。

どちらを選択するか

グロース株とバリュー株の特徴

このほかにもいろいろな分類があるけど、
まずは、この2つをおぼえよう

種類	メリット	デメリット
グロース株 これから大きく株価が上昇すると期待されている銘柄	・大きな利益が期待できる ・短期的な値上がりもある	・株価が割高 ・配当金には期待できない
バリュー株 企業価値や経済状況と比較して市場から割安と評価されている銘柄	・株価が上がる可能性が高い ・株価が下落する可能性が比較的低い	・大きな利益は期待できない ・割安なのには理由があることも

どちらがいいのかしら…。
投資初心者には悩ましいわね

業績や最近の株価の動き、配当金などを**総合的に判断して、投資する銘柄を決めて**いきましょう！

11 ファンダメンタルズ分析で銘柄を選ぶ

企業の価値と株価から買ってよいかを判断する

決算書のデータは銘柄選びの指針

銘柄を選ぶときの参考となるものに決算書（決算報告書、または財務諸表ともいう）があります。

決算書は企業の通知表ともいわれるもので、貸借対照表、損益計算書、キャッシュフロー計算書の3つが基本となります。こうした財務データを使った銘柄分析の方法が、ファンダメンタルズ分析です。

ファンダメンタルとは「経済の基礎的条件」のことで、国の経済状態を判断するための経済成長率や物価上昇率、失業率、財政の黒字または赤字の額などがあります。企業の決算書に示された財務データも、同じくファンダメンタルといいます。

ファンダメンタルズ分析で注目するポイント

ファンダメンタルズ分析では、売上高や利益は伸びているか、資産と負債のバランスはとれているかなどに注目します。

また、PER（株価収益率）やPBR（株価純資産倍率）といった指標を使って株価が割安か割高かを判断したり、ROE（自己資本利益率）やROA（総資本利益率）といった指標を使ってその企業の収益性を判断することもできます。

ファンダメンタルズ分析を行うための決算書は各企業のホームページなどにアップされています。

KEY WORD

決算書

企業の一定期間の経営や財務状態を明らかにする書類。財務諸表とも呼ばれ、主に貸借対照表、損益計算書、キャッシュフロー計算書からなる。上場企業は、四半期ごとに決算短信の開示が求められる。

ファンダメンタルズ分析とは

企業の業績から銘柄を分析しよう

株価の動きだけでは不足なんだね

財産や借金がどれだけあるのかを分析	利益は出ているかを分析	資金の動きを分析
貸借対照表	損益計算書	キャッシュフロー計算書

今の株価が妥当かを分析

PER
株価は割安か、割高か？

PBR
株価は割安か、大底に近いのか？

企業（銘柄）

収益性を分析

ROE
経営効率はよいか、悪いか？

ROA
企業の儲ける力（収益力）はどれくらいか？

ファンダメンタルズ分析をして
企業の未来の価値を客観的に考えるのね

いまの**株価は割安か、将来の値上がりは期待できるか**…などを分析します

12 割安な銘柄を見つけるための2つの指標

銘柄選びの参考にしたいPERとPBR

銘柄選びのものさし「株価の割安度」を測る

銘柄を選ぶ目安の1つに株価の割安度があります。株価が割安であるとは、株を発行している企業の株価が、企業の利益や持っている資産から割り出した価値と比較して低いことをいいます。本来であれば、株価はもっと高くていいはずなのに安いわけですから、お買い得という判断ができるわけです。

現在の株価がその企業の規模や業績に比べ割安か割高かを見るのがPER（株価収益率）とPBR（株価純資産倍率）という2つの指標です。どちらの指標も数字が低いほど割安と判断されます。

PER、PBRとも数字が低いほど割安といえる

PERは株価を1株あたり利益（EPS）で割って求めます。PERは投資した金額が何年分の利益で回収できるかを示す指標で、何倍と表します。その数値が低いほど割安、高いほど割高といえます。

PBRは株価を1株あたり純資産（BPS）で割って求めます。PBRも何倍と表し、1倍を目安としてその数値が低いほど割安といえます。

ただし、これらの数値は絶対とはいえません。PER、PBRともに同一の業界の平均や競合企業との数値を比較した上で、総合的に判断することが大切です。

KEY WORD
EPS

1株あたりの利益のこと。当期純利益を期中平均発行済株式数で割って求める。EPSが高いほど1株あたりの利益が多いといえ、上手に利益を出している企業、ということができる。

PERとPBR

株価が割安な銘柄かどうかが分かる

数字が低いほど割安なんだね

PER（株価収益率）

PER（倍）＝ 株価 ÷ 1株あたりの利益（EPS）

- 投資した金額が何年分の利益で回収できるか
- 低いと割安、高いと割高といえる

PBR（株価純資産倍率）

PBR（倍）＝株価 ÷ 1株あたりの純資産（BPS）

- 企業が解散後、債務整理したあとに残る株主の取り分と株価を比較
- 目安として1倍以下だと割安といえる

でも数字だけにとらわれず業界全体の確認も必要なのね

いずれも単独の数字だけでなく、**業界の平均や競合企業とも比較をして総合的に判断**しましょう

13 企業の収益性を表すROEとROA

企業がどのくらい効率的に収益を上げているかが分かる

ROEが大きいほど収益性は高いといえる

企業が事業を行ううえでの元手である資本を使って、どれだけ効率よく利益を上げているかを判断するときに使う指標が、ROE（自己資本利益率）とROA（総資本利益率）です。

ROEとは、企業の自己資本（株主資本）に対する当期純利益の割合のこと。これは、経営者が株主に対して果たすべき責務を果たせているかを見る指標ともいわれます。

ROEが高い銘柄は一般的に株価が値上がりしやすいとされます。ただし負債が多いと相対的に自己資本比率が減り、自動的にROEの数値が押し上げられるので、この点には注意が必要です。また、ROEの数値が低いからといって必ずしも将来、株価が下がるとはいえないということもおぼえておきましょう。

ROAが大きいほど少ない元手で大きく稼いでいる

ROAは、企業が持っているすべての資本（総資本）が、利益獲得のためにどれだけ効率的に利用されているかを表す指標で、数値が高いほど経営効率がいいといえます。5％程度が目安ですが、大企業だと1％程度の場合もあるようです。

ROEとROA、どちらの指標も、アメリカでは投資の判断において特に重要視されているものです。

KEY WORD

自己資本

投資家などから出資してもったお金（資本金、資本剰余金）や過去の利益の蓄積（利益剰余金）の合計。総資本における自己資本の割合を自己資本比率と呼ぶ。

ROEとROA

企業の収益性の高さがわかる

どれだけ効率よく稼いでいるかが分かるのか！

ROE（自己資本利益率）

ROE（%）＝当期純利益÷自己資本（株主資本）×100

- 自己資本に対する当期純利益の割合を表す
- 高いほど自己資本をうまく生かして稼いでいる企業ということ

ROA（総資本利益率）

ROA（%）＝当期純利益÷総資本×100

- 総資本（自己資本＋負債）に対する利益の割合を表す
- 高ければ高いほど経営効率がいいということ

どちらも数値が高ければ
優良企業だということね

ROEが高くても負債が多ければあまり意味がありません。**自己資本比率も合わせて確認**しましょう

14

NISAで長期投資するなら知っておきたい配当金の指標

配当金重視なら**配当性向・配当利回り**をチェック

配当性向が高ければ利益を多く株主に還元している

中・長期で保有をするなら、売却益だけでなく配当金がどれだけもらえるかも気になります。それを見極めるための指標が、配当性向と配当利回りです。

配当性向とは、企業が得た利益をどれだけ株主への配当金にまわしているかを表した指標です。配当性向が高い企業は、利益を多く株主に還元しているといえます。

ただし、株主に利益を還元するよりも、設備投資など事業の拡大に資金を使ったほうが将来的に得られる利益が大きくなりやすいともいえるので、一概に配当性向が高ければ高いほどよいともいえません。

配当利回りが高い銘柄ほど長期投資向きといえる

配当利回りとは、株価に対する1年間の配当金の割合を示したものです。

株価は企業によってバラバラですので、単純に配当金の金額を見比べるだけでは、多いか少ないかの比較ができません。そんなときに使えるものさしが、配当利回りです。

株価が安く、配当金が高い銘柄ほど配当利回りは高くなります。また、株価が下落すると配当利回りは上昇します。配当利回りが高い銘柄ほど持ち続けることで効率よく配当金が得られることになるので、中・長期投資に向いているといえます。

KEY WORD

株主

その企業の株を保有している個人または法人のこと。いわゆる出資者も株主である。株主は利益の一部を配当金として受け取ったり、株主総会に参加して議決権を行使することで経営に参加できたりする。

配当性向・配当利回りから分かること

安定的な配当金が期待できるか

株を持つならやっぱり配当金を期待しちゃうよね

配当性向(%)＝ （数字が大きいほど株主に多くの利益を還元している）

1株あたりの配当金 ÷ 1株あたりの利益(EPS) ×100

配当性向が低くても成長企業であれば株価アップが期待できることも。
あくまでも長期投資の銘柄選びの基準として見よう。

配当利回り(%)＝ （数字が大きいほど利回りは高い）

1株あたりの配当金 ÷ 株価 ×100

長期投資を考えるなら配当利回りに注目。ただし、高いからといってそれがずっと継続するとは限らない。すでに株を保有している場合は、購入時の株価をあてはめると"自分にとっての"利回りが算出できる。

株主に対する**考え方や業績**によって、
配当金に対する傾向は異なります

15

株価の動きを予測する方法

テクニカル分析で売買タイミングをつかむ

株価の動きには一定の法則がある

株価の動きを予想するのにはファンダメンタルズ分析だけでは十分ではありません。株価は、業績などのファンダメンタルに加えて、需要と供給の関係で決まります。この需要と供給の状況を確認するのが、テクニカル分析といわれるものです。

株で利益を得るには、株価の安いときに買って、高いときに売ることが必要です。しかし、現在の株価を見ただけでは、過去の株価と比べて高いのか、この先どこまで上がりそうかは分かりません。

これらを分析するために役立つのが、株価チャートです。

株価チャートの法則性から売りのチャンスをつかむ

株価チャートとは、1日や1週間、1か月などの株価の動きをグラフにして、視覚化したものです。株価チャートを見ることで、その銘柄の過去の株価の動きや法則性を読み取ることができます。また、現在の株価がどのような水準なのかをつかめます。その結果、タイミングよく買うことができたり、売りのチャンスの見逃しを防ぐことができるのです。

株価チャートは、証券会社や会社四季報オンラインなどのウェブサイトで、銘柄名や証券コードを入力すれば簡単に見ることができます。

KEY WORD

移動平均線

株価チャートにある緩やかな曲線で描かれたグラフ。一定期間の平均株価の推移を示している。期間の長さによって「5日移動平均線」「25日移動平均線」「13週移動平均線」などがある。

株価チャートで分析する

株価チャートのチェックポイント

これで未来の株価予想もバッチリだ！

ローソク足

ローソク足からはその期間の始値、終値、高値、安値を1つの図形で表示。また、ローソク足の色で始値より終値が低かったか、高かったかがひと目で分かる

移動平均線

対象とする銘柄の一定期間における終値の平均値。これを使った株価の予測はテクニカル分析において、ポピュラーな手法

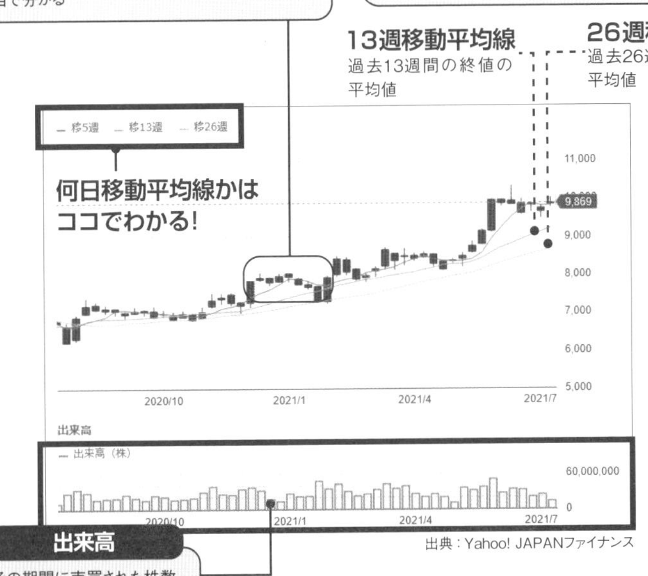

出典：Yahoo! JAPANファイナンス

出来高

その期間に売買された株数

漠然と見ただけじゃ
株価がどう動いていくか分からないわね

株価チャートはあくまでも相場の流れを見るもの。
さまざま指標と合わせて総合的に判断を

16 株価チャートの3つの基本情報

ローソク足・移動平均線・出来高を順番にチェック

株価チャートは市場の動きの未来を占う指針となるもの

株価チャートにはローソク足のほかに、移動平均線、出来高などが描かれており、これらの情報を組み合わせて分析することが重要です。

見ていく順番に正解はありませんが、ローソク足をチェックし、移動平均線で大まかな変化をつかみ、出来高を見るという流れが一般的でしょう。

ローソク足、移動平均線、出来高、それぞれの特徴

ローソク足は、一定期間の値動きを1つのローソク足であらわしたものです。期間の始値・終値、高値・安値がひと目でわかります（➡P126）。また、ローソクが長いほどその期間内で値段が大きく動いたことになり、短いと値動きがあまりなかったことになります。また、1本1本だけでなく、ローソク足は複数本の並びで、この先の株価を予測することができます。

移動平均線とは5日や13週、26週など一定期間の株価の終値の平均です。いわば値動きを緩やかにつかむものです。こちらも複数の移動平均線を組み合わせて予測します。

出来高では、株価が一部の人たちだけの意思で動いていないかなどを確かめます。また、出来高が少ない銘柄はちょっとしたことで株価が大きく変動することがあるため、初心者には向いていません。

KEY WORD

始値・終値

それぞれ、寄り付き・引け値ともいう。始値はその期間の最初に売買された金額、終値は最後に売買された金額のこと。期間を明示しない場合は、1日のなかでの最初の値段と最後の値段を指すことが多い。

情報を組み合わせて分析する

3つの基本情報を順番に見ていこう

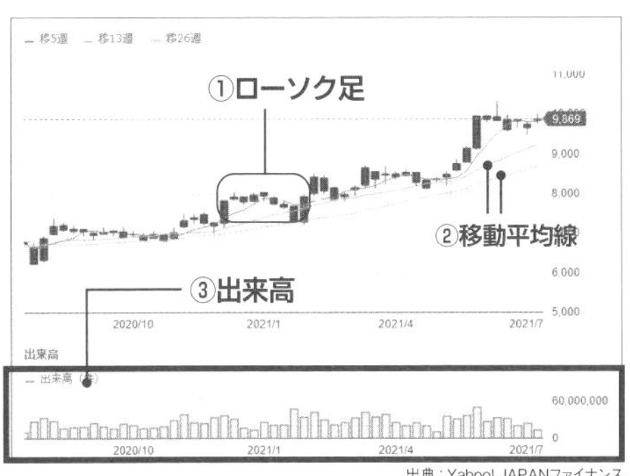

出典：Yahoo! JAPANファイナンス

ローソク足、移動平均線、出来高の順番で見ていくんだね

① ローソク足で期間の値動きをみる

ローソク足は、一定の期間の動きを見るもの。複数のローソク足の並び方から分析する。ローソク足の特徴については、122ページ

② 移動平均線で大まかな流れをみる

移動平均とはある期間の終値の平均値で、移動平均線はそれをつなげたもの。単純に株価をつなげたグラフよりもなめらかになる傾向があり、相場の流れを知る目安となる

③ 出来高で相場の盛り上がりを確認

出来高が少ないのに相場が大きく動くのはその銘柄の時価総額が少なかったり、特定の人の思惑だけで動いていることが原因かも。出来高が少ない銘柄は、初心者には不向きといえる

3つを組み合わせることで予測の確実性が増すのですね

いろいろな銘柄の株価チャートを見て、3つの情報から流れを読む練習をしておきましょう

17

相場を読むために必須のツール

ローソク足の基本を知って、相場を読もう

日本が発祥のローソク足 多くの情報が詰まっている

ローソク足とはローソク状の柱によって株価の動きを表現したもの。江戸時代の日本が発祥で、米取引で使われていました。ローソク足の形状や組み合わせで、今後の値動きを予測するローソク足チャートはテクニカル分析の代表格といえるでしょう。

ローソク足には大きく分けて、陽線（ようせん）と陰線（いんせん）の2種類があります。

陽線とは、始値よりも終値のほうが高く、陰線は逆に終値のほうが安いことを示します。通常、陽線は白または赤などの明るいの色で、陰線は黒や青などの暗い色で表現するのが特徴です。

ローソク足のバリエーションを おぼえて相場に生かそう

陽線・陰線にもそれぞれバリエーションがあります。実体（太い部分）が長い、すなわち始値と終値の差が大きいものは大陽線・大陰線、逆に短いものは小陽線・小陰線などと呼びます。なお、大小に明確な基準があるわけではなく、あくまでも相対的なものです。また、始値と終値が同じになると実体が消えて、横棒のみとなります。これを十字線、または寄引同事線（よりひきどうじせん）と呼び、このあと相場が変わるサインともされます。

このようにローソク足は1本でも情報が読み取れますが、一定期間分を並べて見ることで株価チャートとして機能します。

ONE POINT

ローソク足の期間

1日ごとに1本になっているローソク足を日足（ひあし）、1週間ごとを週足（しゅうあし）などと呼ぶ。さらに細かく、1分足、5分足などもある。保有期間のイメージに応じた期間のローソク足を使いたい。

ローソク足は相場を読むために必須

ローソク足の基本

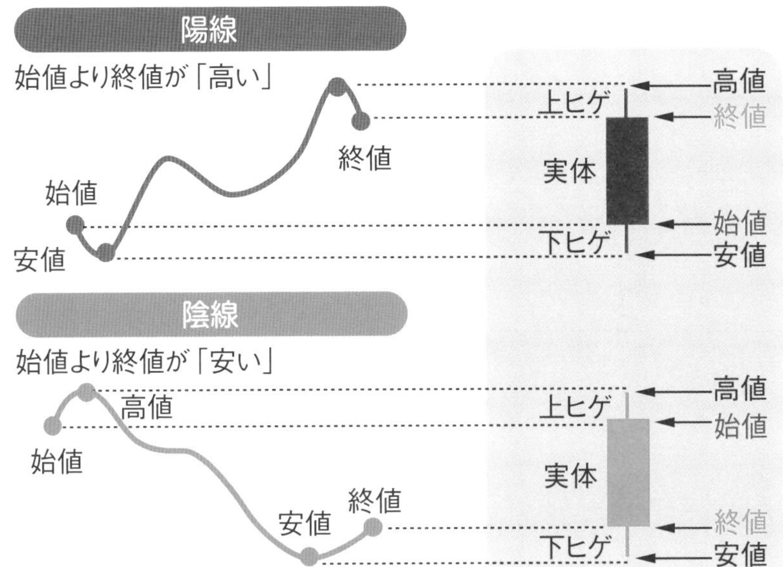

ローソク足には陽線と陰線があり、始値より終値が高い場合に陽線、始値より終値が安い場合に陰線となる。陽線は明るい色、陰線は暗めの色で描かれることが多い。

ローソク足が読めるようになれば一人前ですね！

ローソク足は奥が深いので、もっと知りたい人は専門の書籍などで勉強しましょう

18

トレンドが読めれば、この先の傾向が見えてくる
相場のトレンドを見極めよう

チャートの大きな流れをつかんで この先の相場の傾向を読む

ローソク足をもう少し大きな視点で見て相場の大きな流れや傾向を読む方法として、トレンド分析があります。

トレンドを分析するには、株価チャートにトレンドラインを引きます。これは、トレンドを把握するための補助線のようなもので、左ページの図のようにローソク足の下部分をつなげて引くのが基本です。

トレンドラインは、ネット証券の株価チャートなどの機能を使って引くことができます。はじめてだとなかなかむずかしいかもしれませんが、いくつか引いてみて感覚をつかみましょう。

移動平均線でも トレンドをつかむことができる

トレンドは、移動平均線が上向きなら上昇トレンド、下向きなら下降トレンドとも判断することができます。

また、期間の異なる複数の移動平均線を組み合わせることでも、今後のトレンドを分析できます。

例えば、短期の移動平均線が長期の移動平均線を下から突き抜けるかたちのことをゴールデンクロスと呼びます。これは相場が上昇傾向にあり、買いのサインだといわれます。その逆が、デッドクロスと呼ばれるかたちで、売りのサインとされています。

KEY WORD

ゴールデンクロス

買いのサインといわれる移動平均線のかたち。逆に売りのサインといわれるのが、デッドクロス。どちらもだましと呼ばれるニセのサインもあるので、ローソク足などほかの指標と組み合わせて判断するのが定石だ。

トレンドラインで相場の流れをつかむ

トレンドラインを引いてみよう

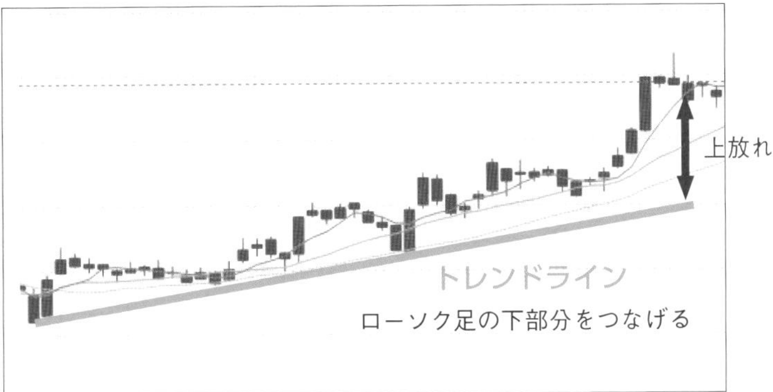

ネット証券などが提供している株価チャートには、ラインを引く機能があるので、トレンドラインを引いてみよう。自動的に表示してくれるチャートもあるが、まずは自身で引くのがおすすめ。
上記の場合、時間が経つにつれ株価がトレンドラインから上放れしているので、上昇傾向が強いことが分かる。

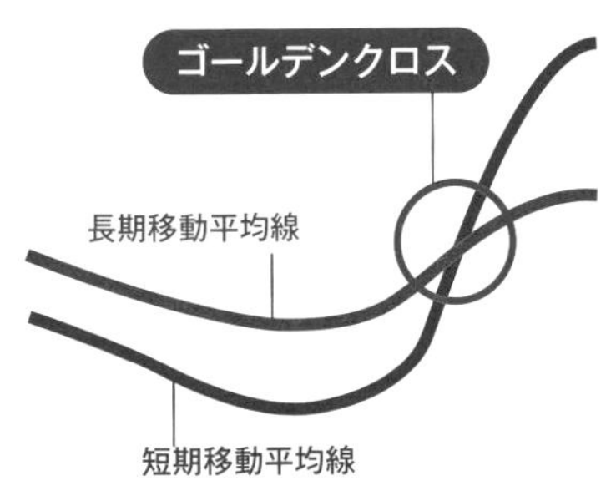

短期の移動平均線が長期の移動平均線を下から上に突き抜けてクロスすること。
買いのサイン

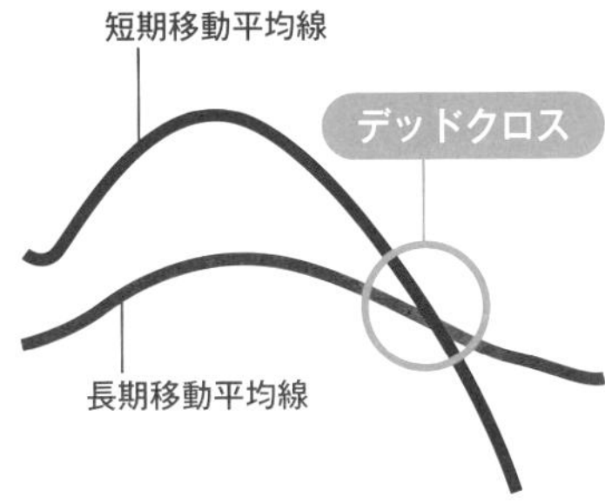

短期の移動平均線が長期の移動平均線を上から下に突き抜けてクロスすること。
売りのサイン

トレンドラインが引けるようになると
株価の大きな流れをつかみやすくなりますよ

19

国内株・外国株の特徴をつかもう

NISA口座で購入できる銘柄は、国内株に限らない

NISAで購入できる株は国内株だけではない

株とひと言でいっても、NISA口座で購入できる株には、国内株もあれば、外国株もあります。それぞれ特徴があるので、運用の目的や資金に合わせて選ぶことが大切です。

国内株とは、国内の株式市場に上場している銘柄を指します。なじみのある有名企業が多く、親しみが持ちやすいでしょう。株式市場全体の動きがニュースで取り上げられることも多いので、値動きの傾向を比較的つかみやすいのもメリットです。

国内株のなかでも、グロース市場などの新興市場に上場している株が112ページでも紹介したグロース株です。グロース株は成長途中にあるベンチャー企業が多いので、今後の大きな成長が期待できる反面、業績が不安定で、株価の変動が大きくなる傾向があります。

株価の上昇が期待できるが為替変動のリスクの考慮も

外国株とは、海外の株式市場に上場している銘柄です。証券会社によって、どこの国の株が売買できるかは異なります。

外国株には、アメリカの企業を中心に世界に名だたるグローバル企業がたくさんあります。こうした企業に日本にいながら投資できるのも、外国株の魅力でしょう。ただし、為替の変動が損益に影響するので、その分、リスクは高いといえます。

KEY WORD

新興市場

新興企業（ベンチャー企業）が多く上場している株式市場のこと。東京証券取引所ではグロース市場、そのほか名古屋証券取引所のネクスト市場、札幌証券取引所のアンビシャス市場、福岡証券取引所のQ-Boardがある。

国内株と外国株

それぞれのメリット

外国株の場合、円高になったときに
為替差損をこうむるリスクがありますよね

国内株	グロース株	外国株

有名企業が多く投資対象として親しみやすい	今後高い成長が期待できる企業が多い	グローバルに展開する企業や成長性の高い企業が多い
ニュースや新聞を通じ情報や値動きがつかみやすい	短期間で大きな利益が出る可能性がある	投資対象を分散できる

グロース株は魅力的だけど
デメリットもありそうだね

初心者はまず、**国内株で慣れる**といいでしょう
外国株は為替の影響もあるので要注意ですね

Chapter

5

少額から手軽にはじめられる投資信託

初心者でも運用しやすいのが、投資信託です。でも、聞き慣れない言葉が多く、分かりにくいもの。ここでは投資信託のしくみや選び方について解説します。

どうしたの？
悩みごと？
それが
シュンペイ
がね…
CAFE
OPEN
え、う、う
浮気……!?
違うわよ
私たちNISAで
投資をはじめようと
しているんだけど
株式投資でひと山あてる
とかいってるのよ
心配で…
シュンペイくん
って
そういうとこ
あるかもね
将来のこともあるし
私はコツコツと
積み立てて
ほしいんだけど
でも
毎月何万円も
投資できそうも
ないし…
うんうん
クルッ
月々100円からでも
はじめられる投資が
ありますよ！
お、大竹先生！
こんにちは…
それは
どんな投資
なんですか？
投資信託
といって
プロの投資家に
運用を任せる
金融商品なんです
プロ
プロに任せるなら
私にもできそう
投資信託には
たくさんの種類があって
なかには運用実績が
あまりよくないものも
あるの
選び方が重要ね
ちょっと
むずかしいかも
それでは
投資信託の
特徴と選び方を
見てみましょう！

01 多くの投資対象をパッケージにしたのが投資信託

投資信託の特徴は、商品によって大きく異なる

組み入れ商品の多彩さが投資信託の種類を豊富にしている

投資信託の特徴をひと言で表すと、1つのバスケットに国内や海外の株、債券など、さまざまな投資対象がパッケージされた金融商品であるといえます。

投資信託に組み入れられているのは、株や債券、REIT（➡P156）のほか、先物市場で取引されている金やプラチナなどの貴金属、小麦や大豆などコモディティと呼ばれる商品まで多岐にわたっています。

ただし、NISAで購入できる商品には、一定の条件があります。成長投資枠で購入できても、つみたて投資枠では購入できないものもあるので注意しましょう。

なにを多く組み入れるかでその投資信託の特徴が決まる

国内株を対象とする投資信託には、大企業の株を中心に運用するものや、成長が期待できる小型株を中心に運用するものなどさまざまなものがあります。

債券の代表格は国債です。信用度が高く価格の動きもゆるやかなので、長期的な運用で安定した収益が期待できます。ただし低金利なので、大きなリターンは期待できません。REITには、国内、海外それぞれの不動産に投資するものがあります。

こうした多くの運用対象のなかからなにを多く組み入れるかによって、値動きにも違いが出てきます。

KEY WORD

株式投資信託

投資対象に「株を組み入れることができる」投資信託のこと。株式投資信託に分類されていても実際には株の組み入れをほとんど行わず、債券を中心に運用しているものもある（➡P148）。

投資信託とはなにか?

さまざまな投資対象をひとまとめ

いろんな対象に投資できるというわけだね

投資信託のしくみ

さまざまな投資対象に分散投資

国内	海外
株	
債券	
その他の金融商品	

投資信託は**さまざまな投資先に分散投資**することで、**リスクを上手に分散**できます

02

運用対象を分けることでリスク分散するのが投資信託

1つの商品でも**幅広い分散投資**が可能

投資信託は1つの商品でも幅広く分散投資されている

投資信託のメリットの1つが分散効果の高さといえるでしょう。一人ひとりの投資家が出す資金が100円、1万円といった少額であっても、ファンドとしてそれらの資金をひとまとめにすれば大きな金額になります。この資金をもとに、運用のプロが分散投資効果を考えながら幅広い商品に投資していきます。

「投資にはリスクが伴うけれど、できるだけリスクを減らせる方法はないか」という人にぴったりなのが投資信託です。投資の初心者でもはじめやすいので、ぜひとも検討してみましょう。

1つの商品を保有するだけで多くの銘柄に投資可能

実際に投資信託では、どのように分散投資が行われているのでしょうか。

例えば、国内株で運用する投資信託のなかでもポピュラーなのが「日経平均株価」や「TOPIX（東証株価指数）」に連動するタイプです。前者であれば、東京証券取引所に上場されている主要225銘柄が組み入れられています。

つまり、たとえ少額であったとしても、この投資信託を1本買うだけで、実質的に225もの銘柄の国内株に分散投資ができるということになるのです。TOPIX連動型なら、さらに多くの数となります。

ONE POINT

ドルコスト平均法

一定の金額を定期的に買い付けていく方法。投資信託の基準価額は変動するので、価格が低いときは自然と購入量が増え、価格が高いときは購入量が減る。リスクを平準化する効果が期待できる（➡P164）。

投資信託のメリット

投資信託ならこのような分散投資が実現できる

資産の分散

外国債券 25%	外国株 25%
国内債券 25%	国内株 25%

（イメージ）

特性が異なる複数の資産を組み合わせる

国や地域の分散

複数の国や地域を組み合わせる

業種の分散

値動きが異なる複数の業種の株を組み合わせる

時間の分散

投資するタイミングを複数に分ける

投資信託は幅広い分散投資ができている商品なので、その分リスクを軽減できます

03 投資信託で得られる利益の1つ

売却益は、基準価額が上がることで得られる

購入時より基準価額が値上がりすれば売却益となる

投資信託で得られる利益である「売却益」について解説しましょう。

投資信託の価格は「基準価額」と呼ばれます。基準価額は原則として1日に1回、変動します。その動きを見て、基準価額が安いときに買い、値上がりしたときに売ることで、売却益を手にすることができます。

基準価額とは純資産総額を総口数で割り、1口（商品によっては1万口）あたりの価格で示したものです。

なお、多くの商品で運用スタート時の基準価額は1口または1万口で、1万円に設定されています。

純資産総額と基準価額の関係とは？

商品を選ぶときには、純資産総額が大きく、基準価額も上昇しているものを選ぶのがポイントになります。純資産総額とは、投資家から集めた資金を使って購入し、現在運用している資産すべてを時価評価した総額のことです。例えば、純資産総額が54億円、現時点での総口数が45万口だとしましょう。この場合、基準価額は「54億円÷45万口」で、12000円になります。

運用がうまくいき、運用対象である株や債券が値上がりすると、純資産総額も増えることになるので基準価額が上昇します。ここで売却すれば、売却益が得られます。

KEY WORD

純資産総額

その投資信託に組み入れられている株や債券などの運用資産を時価で評価した金額。投資信託の規模を示している。投資信託は毎日、信託財産の時価評価を行うことになっている。

投資信託の売却益とは

基準価額が値上がりすれば、差額が売却益になる

基準価額が上がった場合の売却益

購入時の基準価額		売却時の基準価額	差額
10,000円 （1口あたり）	値上がり→	12,000円 （1口あたり）	2,000円

これに保有している口数を掛けた金額が実際の売却益

基準価額が値上がりしたときに売却すれば、売却益が得られるんだね

基準価額を求める式

純資産総額 ÷ 総口数 ＝ 基準価額

純資産総額はその商品の保有資産すべてを時価評価したものでしたね

投資信託の**基準価額は、**
株式投資の株価のようなものといえますね

04 投資信託の分配金のしくみ

分配金＝利益とは限らないことに注意

分配金には、普通分配金と特別分配金がある

投資信託で得られるもう1つの利益が「分配金」です。投資信託では、商品ごとに1か月、半年または1年に1回といった決算回数が決められています。その期間に得られた収益を口数に応じて配分するのが分配金です。ただし、分配金が支払われるかどうかは、それぞれの投資信託の分配方針や運用成果によって異なります。

投資信託の分配金は「普通分配金」と「特別分配金」に分かれます。運用で得られた利益のなかから分配されるのが「普通分配金」。元本を切り崩して分配されるのが「特別分配金」です。

毎月分配型ファンドはNISAでは購入不可

「毎月分配型ファンド」は、その名のとおり、毎月分配金が支払われるタイプの投資信託です。一見、魅力的な商品のように思えますが、NISAでは、成長投資枠でも、つみたて投資枠でも、これを購入することはできません。

なぜなら、収益から普通分配金が支払われるうちはよいのですが、元本を払い戻して特別分配金が支払われているという場合も多いからです。このように、毎月分配型ファンドは長期の資産形成には向いていないことから、NISAでは対象外となっています。

KEY WORD

普通分配金

運用益を原資として支払われる分配金のこと。分配金を配分した後の基準価額がその投資信託の購入価額と同額または上回っている場合には普通分配金となり、NISA口座以外では課税される。

普通分配金と特別分配金

分配金の種類によって課税・非課税に分かれる

分配金の一部が「普通分配金」の場合

購入価額

分配金
普通分配金
特別分配金
分配金支払後の基準価額（個別元本）

NISAの非課税メリットあり

ＮＩＳＡなら、普通分配金に課税される約20%の税金が非課税になる

分配金のすべてが「特別分配金」の場合

購入価額

分配金
特別分配金
分配金支払後の基準価額（個別元本）

NISAの非課税メリットなし

元本を払い戻しているだけなので、そもそも課税されない

つまり分配金を受け取っても特別分配金では意味がないのか〜

非課税メリットがあるのは普通分配金だけ。
運用益が出せる投資信託を選ぶことが大切です

05 投資信託の商品ごとの特徴のつかみ方

投資対象によってリターンもリスクも大きく違う

投資信託の投資対象は大きく6つに分類される

投資信託を選ぶとき、第一に考えたいのが投資信託の投資対象です。投資信託の特徴をつかむためにも、購入を考えている投資信託がどういう資産に投資しているかに注目しましょう。

投資信託の投資対象は、大きく次の6つのカテゴリーに分けられます。

- 国内株
- 外国株
- 国内債券
- 海外債券
- 国内ＲＥＩＴ
- 海外ＲＥＩＴ

海外資産に投資する商品はリスクが高い傾向に

期待されるリターンとリスクには相関関係があり、カテゴリーによって異なります。一般的に国内株よりも外国株、国内債券よりも海外債券、国内ＲＥＩＴよりも海外ＲＥＩＴのほうが大きなリターンを期待できる分、リスクは高めです。

その理由の1つが為替変動リスクです。また、外国株のなかでも、新興国の株は先進国と比べて大きな経済成長が期待できる分、カントリーリスクも大きくなる可能性があります。外国株はリスクが大きく不安という人は、国内株や国内債券を中心に運用する投資信託を選ぶとよいでしょう。

KEY WORD

カントリーリスク

投資の対象としている国で政治や経済などの変化が起き、証券市場や為替市場に混乱が生じて投資した資産の価値が下がる可能性のこと。一般に先進国と比べ、新興国のほうがカントリーリスクが高い。

多彩な特徴がある投資信託

投資対象の違いによるリスクとリターン

株	株価の値上がりによる売却益や配当金が期待できるが、値動きの振れ幅が大きい
債券	一定期間ごとに利子が支払われて満期日には元本が戻る。値動きは安定している
REIT	不動産の賃貸収入や売却益を分配。安定した分配金が期待できる

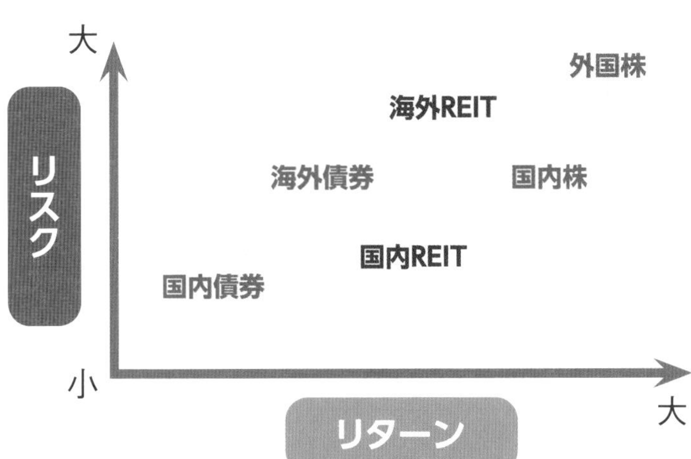

ひと口に投資信託といっても**投資対象によって**
リスクもリターンも大きく異なります

06

投資信託の代表的な運用対象にはなにがある？

おもな投資対象とそれぞれを代表する指標

国内株の運用先は東証に上場されている株式

投資信託の投資対象は、国内株や外国株、国内債券、海外債券、国内ＲＥＩＴ、海外ＲＥＩＴの６つに大きくカテゴリー分けされることを説明しました。ここではそれぞれについてもう少し詳しく見てみましょう。

国内株の対象となるのは、東京証券取引所に上場されている株です。東京証券取引所にはプライム市場、スタンダード市場、グロース市場の３つの市場があり、それぞれ特徴が異なります。また、日経平均株価を指標とした商品と東証株価指数を指標とした商品では、対象とする銘柄が異なります。

外国株のメインは米国株 海外債券は指数に連動

外国株の投資対象としていちばんポピュラーなのが米国株。これらを組み入れた投資信託では、ＮＹダウなどの指数に連動する商品が多く見受けられます。米国株以外にも中国株で運用される商品もあり、こちらも多くが主要な指数に連動して運用されます。

国内債券には、国債、地方債、企業が発行する社債などがあります。海外債券を組み入れた商品は、おもに海外債券指数に連動して運用されます。

ＲＥＩＴを投資対象とするＲＥＩＴファンドは、国内、海外ともＲＥＩＴ指数に連動して運用されるのが一般的です。

KEY WORD

NYダウ

ダウ・ジョーンズ工業株価平均のことで、アメリカ株式市場の代表的な株価指数。各業種の代表的な30銘柄で構成され、S&Pダウ・ジョーンズ・インデックス社が選出している。時代とともに銘柄の入れ替えも行われる。

投資信託のおもな投資対象と指標

それぞれのおもな指標

国内の株

【日経平均株価】日本経済新聞社が算出・公表している日本の株式市場の代表的な株価指数。ニュースなどでもよく話題になる株価指数の代表格。
【東証株価指数(TOPIX)】東京証券取引所プライム市場上場株式銘柄を対象としている。日経平均株価とともに日本の代表的な株価指数。
【東証グロース市場250指数】成長が期待できる比較的規模の小さいベンチャー企業などが上場しているグロース市場の指数。

米国の株

【NYダウ】ニューヨーク証券取引所やナスダックに上場しているアメリカの代表的な企業30銘柄で構成されている。
【S&P 500】ニューヨーク証券取引所やナスダックに上場しているアメリカの代表的な企業500銘柄で構成されている。
【ナスダック100】ナスダックに上場する上位100社の株式で構成。世界的なハイテク企業などが多く含まれる。

中国の株

【上海総合指数】中国を代表する株価指数。人民元建てのA株、ドルでの取引も可能なB株で構成されている。
【ハンセン指数】香港市場の動きを表す代表的な株価指数。香港証券取引所の主要33銘柄で構成されている。

債券

【FTSE世界国債インデックス】世界で最も利用されているベンチマーク。組み入れ対象は、主要23か国。
【JPモルガン世界新興国国債券指数】アメリカの大手金融機関・JPモルガンによる新興国の債券を組み入れた指数。

REIT

【東証REIT指数】東京証券取引所に上場している不動産投資信託(REIT)全銘柄を対象とした時価総額加重平均型の指数。
【S&P先進国REIT指数】先進国の不動産投資信託(REIT)の動向を表す指数。

国内株以外にも幅広く投資できるのも
投資信託の大きな魅力ですね

07 運用方法には2つのタイプがある
インデックス運用とアクティブ運用の違い

手堅く利益を確保するインデックス運用型

投資信託は、投資対象ではなく、運用方法で分類すると2つのタイプに分けられます。

1つめがインデックス運用の投資信託です。日経平均株価やTOPIXなどの指数と連動するようコンピューターで自動運用されます。例えば、日経平均株価を指標（ベンチマーク）とする投資信託では、日経平均株価が10%上昇すれば10%値上がりし、日経平均株価が10%下落すれば10%値下がりする仕組みになっています。

日経平均株価の値動きを伝えるテレビやインターネットなどのニュースを見れば、値動きをつかめるのがメリットです。

積極的にリターンを狙うアクティブ運用型

2つめがアクティブ運用の投資信託です。運用は投資のプロであるファンドマネージャーが行い、指標である日経平均株価やTOPIXなどの指数を上回る運用成績を目指します。平均的な相場よりもよい運用成果が得られる可能性があるので、積極的にリターンを追求したい人向きといえるでしょう。

ただし、アクティブ運用の投資信託は、成果がファンドマネージャーの投資判断に大きく左右されます。そのため、運用がうまくいくこともあれば、期待に反して失敗することもあります。

KEY WORD

ベンチマーク

投資信託などが運用の指針としている指標のこと。投資対象とする商品や市場の各種指数が用いられる。国内株に投資する投資信託であれば、東証株価指数（TOPIX）や日経平均株価などの指数がこれにあたる。

インデックス運用とアクティブ運用

ファンドマネージャーが関与するかどうか

インデックス運用 コンピューターで自動運用。対象は、日経平均やTOPIXなどの指標

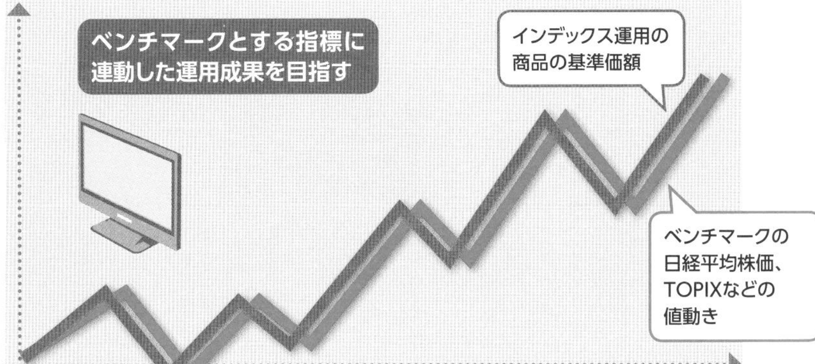

アクティブ運用 プロのファンドマネージャーが運用。指標を上回る運用を目指すが、コストは高め

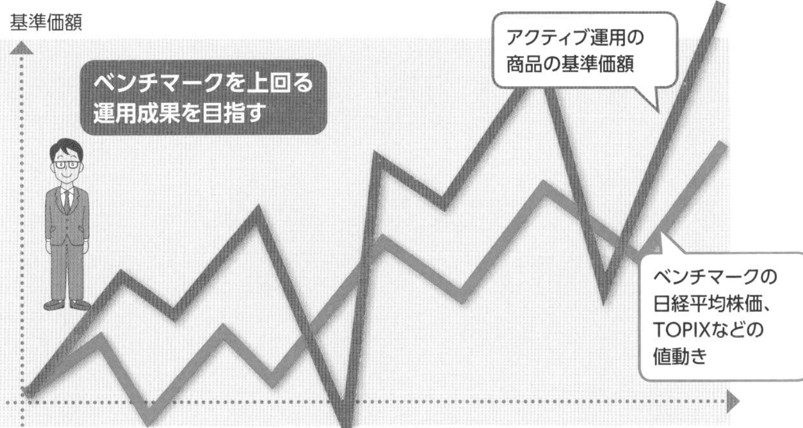

インデックス運用のほうが値動きが分かりやすいので、初心者におすすめです

08

複数の株の銘柄をパッケージにして分散投資

株を中心に分散投資する株式投資信託

株の配分比率が高いほど売却益が大きくなる可能性

株式投資信託は、株を組み入れて運用できる投資信託のことで、数ある投資信託のなかでも最もポピュラーです。株は債券に比べて値動きが大きいため、リスクが大きい反面、値上への期待も大きくなります。同じ株式投資信託であっても、国内株だけで運用するものや外国株だけで運用するものなどさまざまです。

なお、実際はほとんど債券で運用しているのに、分類上の問題から株式投資信託となっている商品もあります。こうした商品の場合、リスクが少ない反面、大きなリターンには期待できません。

含まれる株の割合と投資対象をチェック

リスクをとってでも大きな利益を狙うなら株の比率の高い商品がぴったりです。例えば、日本株なら、ベンチャー企業が多く上場するグロース市場の銘柄を中心に運用する商品のほうが値上がりが期待できます。ただし、値下がりしたときの損失も大きくなるので、自分のリスク許容度をきちんと把握しておくことを忘れないようにしましょう。

定番なのは日経平均株価などをはじめとする代表的な指標に連動するインデックス運用の商品です。コストも安く設定されているのが魅力です。

日経平均株価

日本経済新聞社が発表する株価指数のことで、東証上場銘柄のうち代表的な225銘柄をもとに計算されている。日経225とも呼ばれる。日本の株式市場の大きな動きを把握する代表的な指標として用いられる。

株式投資信託の中身

商品によって、組入銘柄とその配分が異なる

アクティブ運用の場合、ファンドマネージャーの裁量で、この先、成長が見込めそうな銘柄を選んで組み合わせる

おもな日本株の株式投資信託

名称	特徴	おもな組入銘柄
日経225ノーロードオープン（アセットマネジメントOne）	国内株を主要投資対象として、日経平均株価に連動する投資成果を目指して運用。200銘柄以上に等株数投資	ファーストリテイリング（10.33%）、東京エレクトロン（6.17%）、ソフトバンクグループ（6.21%）など
日経平均高配当利回り株ファンド（三菱UFJ国際投信）	日経平均採用銘柄のうち高配当企業（予想配当30位以内）を組み合わせた投資信託	丸紅（6.85%）、日本製鉄（6.40%）、JFEホールディングス（6.12%）など
脱炭素ジャパン（野村）	国内株のなかから、脱炭素への貢献が期待される銘柄を実質的な主要投資対象としている	関西電力（5.60%）、日本電信電話（5.50%）、東レ（4.80%）など

※名称の下の括弧内は、受託機関。
おもな組入銘柄は、上から2023年6月15日、2023年7月31日、2023年8月31日現在

株式投資信託なら、これ1本で効率的に**分散投資**ができますね

09

投資信託なら外国の株や債券にも気軽に投資ができる

大きな利益を狙うなら**海外資産**で運用する投資信託

外国株や外国債券の配分が大きいファンドを選ぶ

大きな利益を期待したいなら、株式投資信託のなかでも海外資産の配分が大きい商品を選ぶのもよいでしょう。国内株や国内債券より外国株や外国債券のほうが値動きが大きい分、値上がりしたときの利幅が大きいからです。

組み入れ資産としては、例えば、先進国であればアップルやアマゾンなど日本でも名の知れた銘柄があります。新興国では中国やインドなど成長が期待できる国の銘柄が組み入れられています。投資信託なら少額でもこうした海外への投資を可能にしてくれます。

外国株で運用する商品についても、日本株同様、インデックス運用の商品がおすすめです。例えば米国株に投資したいなら、NYダウやS&P500といった指数に連動する商品を探すとよいでしょう。

海外資産への投資は為替変動リスクがある

一方、海外資産への投資は、為替変動リスクを想定しておく必要があります。

外国株や外国債券を投資対象とする商品のなかには、為替変動リスクの影響を避けるための為替ヘッジを行うものがあります。コストは高めですが、為替ヘッジを行うことで、為替の影響を抑えながら投資をすることができます。

KEY WORD

為替ヘッジ

海外資産は為替レートの動きの影響を受けやすい。そのため、円に換算する際に資産価値が変動してしまう。その変化を避けるために、あらかじめ将来の為替レートを確定しておくこと。

投資信託でできる海外投資

外国の株・債券に投資できる

さらに大きな利益が
期待できるなら検討したいわね!

	先進国	新興国
外国株	**先進国の株** ●コカ・コーラ ●アップル ●アマゾン といった世界的に有名な企業の株	**新興国の株** ●中国 ●香港 ●南アフリカ など成長が期待できる国の企業の株式
外国債券	**先進国債券** ●アメリカ ●フランス ●カナダ といった先進国の国債	**新興国債券** ●ブラジル ●南アフリカ ●タイ といった新興国の国債

新興国の株や債券は、
より大きな値上がりが期待できるのか

海外資産で運用する投資信託は、為替相場の影響を大きく受けることをおぼえておきましょう

10

NISAデビューにぴったり!?

手間なし分散投資で選ぶならバランス型

少額でも幅広く分散投資ができるバランス型投資信託

リスクを抑えながら投資で安定的に利益を得るためには、複数の資産に分散して投資するのが鉄則です。しかし、例えば投資信託で国内外の株、国内外の債券というように4つの資産に分散投資するとしましょう。たくさんある商品のなかから、それぞれ最適なものを自分で選び、組み合わせる必要が出てきます。

でも、安心してください。投資信託には、1つの商品でこれらに分散投資ができるバランス型というタイプの商品があります。たとえ少額であっても、1つの商品で幅広く分散投資ができるのが魅力の商品です。

自動的にリバランスをしてくれるから手間いらず

また、自分で商品を組み合わせていると、時間が経過するにつれて、その構成比率は崩れていきます。このような場合、割合が増えた資産を売り、減った資産を買って購入当初の構成比率に戻すといったリバランスという作業が必要になります。リバランスを自動的に行ってくれる投資信託が、バランス型投資信託なのです。

初心者にとって、自分でリバランスを行うのは手間がかかるので、そういった意味でもバランス型はおすすめです。つみたて投資枠でも、さまざまな商品が対象となっています。

KEY WORD

リバランス

相場の変動によって崩れた資産配分を元に戻すこと。例えば、国内株50%・外国株50%で運用していた資産が値動きによってそれぞれ30%・70%になった場合、リバランスによって50%ずつに戻す。

バランス型投資信託の特徴

バランス型と一般的な投資信託の違い

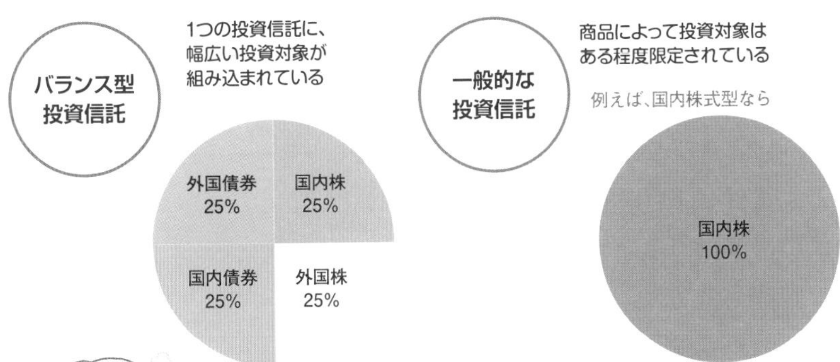

自動的にリバランスしてくれる

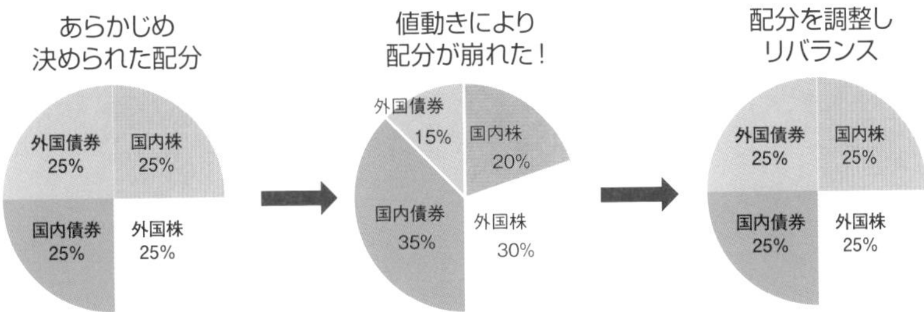

自身で投資信託を組み合わせると、時間の経過とともに構成比率が崩れていくもの。バランス型投資信託なら、自動的にリバランスしながら、運用してくれる。

自分でリバランスをしなくてもいいのが、
バランス型投資信託の**メリット**ですね

11 上場投資信託「ETF」のしくみ

投資信託と株式投資のメリットをあわせもつETF

投資信託と株のメリットをあわせ持つETF

ETF（Exchange Trade Fund）とは、証券取引所に上場され、株と同じように取引される投資信託のことです。上場投資信託とも呼ばれています。

ETFは、日経平均株価や東証株価指数などの指数に連動するように運用され、株と同じように指値・成行注文ができます。投資信託と株の双方の性質をあわせもっているのが特徴です。

インデックス運用の商品となにが違うの？

ETFと似たような商品に、146ページで解説したインデックス運用の投資信託があります。

指標に連動するように運用されるという意味ではETFも同じなのですが、インデックス運用の投資信託が1日1回計算される基準価額でしか売買できないのに対し、ETFは証券取引所で売買されるため、取引時間中ならリアルタイムで売買できるという特徴があります。

連動する指数も、REIT指数や通貨、コモディティ（商品）など種類が豊富。日本はもちろん、海外の指数に連動するものも多くあります。

ただし、最低購入金額は通常の投資信託よりも高めで、株と同様に売買委託手数料がかかることをおぼえておきましょう。

KEY WORD

信託報酬

投資信託の管理・運用のためのコスト。投資信託を保有しているあいだ、継続的にかかり続ける。投資信託の残高から「純資産総額に対して何%」というかたちで毎日差し引かれる。

ETFとインデックス運用の投資信託

似ているが、若干の違いがある

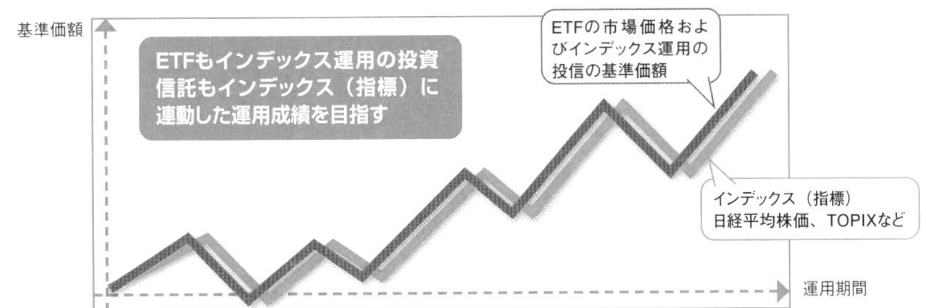

	ETF	インデックス運用の投信
上場・非上場	上場	非上場
取扱窓口	証券会社	証券会社・銀行など （商品によって異なる）
取引指定時間	取引所立会時間（リアルタイム）	販売会社が決める時間
取引（売買）価格	リアルタイムで変動する市場価格	1日1回算出される基準価額
購入金額（目安）	数万円～数十万円	1万円～（投信積立は100円～）
購入方法	証券会社を通じて市場で指値／成行注文で取得（株と同じ方法）	販売会社を通じ基準価額をもとに購入価額を算出して購入
分配金の自動再投資	不可	可能
積立購入	一部の証券会社のみ可能	ほとんどの証券会社で可能 （投信積立）
取引コスト　購入時	売買委託手数料 （証券会社によって異なる）	販売手数料 （商品によって異なる）
取引コスト　保有時	信託報酬	信託報酬
取引コスト　売却／解約時	売買委託手数料 （証券会社によって異なる）	信託財産留保額 （商品によって異なる）

ETFは株のように運用できるんだね

ETFは、投資信託の分散投資効果と株のようなリアルタイム性の両方を兼ね備えています

12 誰でも大家になれる!? 不動産投資信託のしくみ

運用をプロに任せて、手軽に不動産投資

複数の不動産から得られた収益を投資家に分配する投資信託

ＲＥＩＴとは不動産投資信託（Real Estate Investment Trust）のことで、不動産で運用する投資信託をいいます。

このしくみはアメリカで生まれたもので、ＲＥＩＴの分配金のもとになるのは、おもに物件からの賃貸収入。月々決まった額が収入となるため、比較的収益が安定しています。なかなか手の届かない不動産投資も、ＲＥＩＴなら手軽にはじめることが可能です。

投資法人が運用する上場投資信託 J-REITとは?

日本の不動産投資信託の1つに、ＲＥＩＴの頭にＪＡＰＡＮのＪをつけて、Ｊ-ＲＥＩＴと呼ばれるものがあります。Ｊ-ＲＥＩＴはＥＴＦと同様、証券取引所で売買される不動産投資信託です。２０２３年９月現在、60銘柄が取引されています。Ｊ-ＲＥＩＴにおいて株価にあたるのが投資口価格で、取引時間中は、株のようにリアルタイムに値動きします。

Ｊ-ＲＥＩＴは、投資法人と呼ばれる会社が投資証券を発行しています。詳しいしくみは、左ページを参照してください。オフィスビルやマンション、商業施設など投資先の不動産は投資法人ごとにさまざまで、そこから生じる賃料や物件の売却益を投資家に分配します。ＮＩＳＡなら、成長投資枠で購入が可能です。

KEY WORD

投資法人

株の場合の株式会社にあたる組織法人。投資法人が証券取引所に上場することで、その投資証券を市場で売買できる。不動産投資法人は、投資する不動産の選定や運用を行う。

不動産投資信託とは?

J-REITのしくみと種類

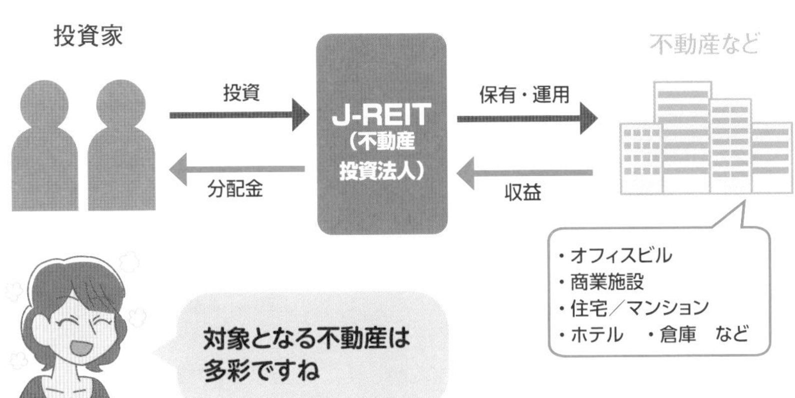

タイプ	投資対象	特徴
複合型	オフィスビル、商業施設、住宅、ホテル	さまざまな不動産に資産を分散投資しているのでリスク分散効果が期待できる
オフィスビル特化型	オフィスビル	入居率の変動など、景気動向に大きく左右されやすい
住宅特化型・レジデンス型	住宅・マンションなど	1物件あたりの規模が小さいため、保有する物件数が多く、リスク分散されている
ホテル・リゾート型	ホテルやリゾート施設	ホテルなどを運営している会社の業績に左右されやすい
物流型・ロジスティクス型	倉庫や物流関連施設	1物件あたりの規模が大きい。テナントの入れ替わりが少なく、比較的安定している

上場しているJ-REITとそうではない
普通の不動産投資信託があります

13

投資信託にはいろいろな手数料がかかる

投資信託の2大コストは販売手数料と信託報酬

販売手数料が無料と有料の投資信託がある

投資信託を売買するときにかかる手数料の代表的なものが販売手数料です。

例えば、販売手数料3％の投資信託を120万円分購入した場合、3万6000円の販売手数料がかかります。

同じ投資信託を購入する場合でも、金融機関によっては販売手数料が異なることがあります。総合証券で購入すると販売手数料がかかる場合でも、ネット証券で購入すると「ノーロード」といって販売手数料が無料の場合も多くあります。なお、NISAのつみたて投資枠で購入できる商品はすべてノーロードです。

ずっと支払う信託報酬　投資信託を保有しているあいだ

投資信託を保有しているあいだ、ずっと払い続けるコストが信託報酬です。信託報酬は、販売会社、運用会社、資産を管理している受託会社（信託銀行）にそれぞれ分配されます。

信託報酬は販売手数料とは異なり、日々信託財産から差し引かれるので、私たち投資家が「支払った」という実感がありません。しかし、長期で保有すればするほど、わずかな率の差が大きな金額の差となるので注意しましょう。

また、売却時には信託財産留保額というコストがかかる場合もあります。

KEY WORD

信託財産留保額

投資信託を売却する場合に投資家が支払うコストの1つ。「基準価額に対して何％」といったかたちで売却代金から差し引かれる。商品によってパーセンテージが決められていて、なかにはかからないものもある。

投資信託で発生するコスト

メインは販売手数料と信託報酬

商品そのものの金額以外にも
いろんなコストがあるのね

コストの種類	内容	時期	支払い方法
 販売手数料	購入時に販売会社に支払う費用。NISAのつみたて投資枠をはじめ、無料の場合もある	購入時	直接支払う
 信託報酬	投資信託を保有している間、保有額に応じて支払う費用	保有中	信託財産から間接的に支払われる
 信託財産留保額	投資信託を売却する際に信託財産に留保するお金。商品によっては、ない場合もある	売却時	直接支払う
その他、間接的なコストもある			
 監査報酬	投資信託は原則決算ごとに監査法人などから監査を受ける必要があり、その監査に要する費用	保有中	信託財産から間接的に支払われる
売買委託手数料	信託財産から株や債券を売買する場合に発生する費用	保有中	信託財産から間接的に支払われる

NISA口座でなければこれらに加え
利益に対する税金もかかるんだよねぇ…

つみたて投資枠の対象となっている投資信託は、
販売手数料が無料のものだけに限られています

14 買付方法は「金額指定」「口数指定」「積立買付」の3つ

投資信託の**注文方法**を**マスター**しよう

買付方法の違いによってメリットもそれぞれ

投資信託の買付方法は3つあります。

1つめは購入金額をあらかじめ決める「金額指定」です。基準価額に左右されず、指定した金額の分だけを買い付けることができるのがメリットです。

2つめは購入する口数をあらかじめ決める「口数指定」です。切りのいい口数で購入できるのがメリットです。

3つめは毎月1回など、決まったタイミングで自動的に積立を行う「積立買付」です。事前に購入日と購入金額、または口数を設定することで、定期的に買い付けすることができます。

分配金を受け取るか再投資に回すかを決める

投資信託をNISAを通じて購入するには、銀行や証券会社などでNISA口座を開設する必要があります。成長投資枠で株式投資も行いたい場合は、銀行ではなく証券会社を選ぶようにしましょう。

口座を開設したら資金を入金し、購入する投資信託を選びます。積立の場合、クレジットカード決済や銀行引落ができる金融機関もあり、こうした場合には事前の入金は不要です。

また、分配金を口座で受け取るか、そのまま再投資にまわすのかも、忘れずに指定しておきましょう。

KEY WORD

口数

投資信託の取引単位のこと。株でいうところの、株数のようなもの。基準価額は1万口あたりの金額で表すことも多く、この場合は基準価額÷10,000 で1口あたりの金額が算出できる。

投資信託の基本的な注文方法

注文の流れをチェックしておこう

STEP3で注文するときに
分配金の受取方法を
決めておく必要があるのか

口座を開く

・証券会社、銀行など

購入する投資信託を選ぶ

ステップ③ 注文を出す ← **分配金の受取方法を決める**

●受取
口座で受け取る
●再投資
受け取らずにそのまま買い増しする

**どの商品をどれだけ
買うか決めて注文する**

注文方法は以下の3種類

●金額指定
購入金額を指定して注文する
（100 円以上1 円単位など、
投資信託によって購入単位が決まっている）

●口数指定
口数で注文する
（1口以上1口単位など、
口数単位が投資信託によって決まっている）

●積立買付
指定した日と金額、または数量で毎月定期的に買い付けする

NISAのつみたて投資枠では、
「積立買付」をすることが大前提となります

15 わずかな資金でもスタートできる

投資信託の**積立**って、こんなに**すごい**

金融機関によっては100円から積み立てできる

投信積立は、金融機関によっては毎月100円から行うことができます。まずはNISAで投資信託をはじめてみたいという人にうってつけですね。銀行口座からの引き落としやクレジットカード払いにすれば、お金が消えてしまう前に投資にまわすことができます。

投資信託の基準価額は値上がりと値下がりを繰り返します。一定金額を積み立てていけば、基準価額が安いときほど多くの口数を購入できるドルコスト平均法（⬇P164）を味方につけられるのも大きなメリットです。

運用期間が長いほど複利効果も高い積立投資

NISAのつみたて投資枠を活用して投資信託を購入するとき、基本となるのが積立投資です。

積立投資は、少額でコツコツと長期的に買付を行っていく投資方法です。時間分散によって、リスクを軽減しやすく、一度設定すれば、あとは自動的に投資されていくので初心者に適した投資方法です。分配金を再投資に設定すれば、長期で運用すればするほど、左ページのように複利効果も期待できます。金利が低く、預貯金ではお金が増えない昨今にぴったりの方法といえるでしょう。

KEY WORD

複利

ある一定期間（半年や1年）ごとに発生した利息を元本に組み入れ、その合計に対して利息を計算する方法のこと。利息が利息を生むため、長く運用するほど複利による効果が大きくなる。

積立投資の複利効果

投資信託の積立で得られた分配金を
再投資すれば、複利効果が得られるのね

積立期間が長いほど、複利効果は大きくなる

毎月1万円を積立して、
年利回り2%の半年複利で運用できた場合

総額
約2,936,000円

運用益
約127,000円

運用益
約536,000円

積立額
2,400,000円

積立額
1,200,000円

開始
10年目
20年目

毎月1万円の積立でも、複利で運用していけば 20年後には約300万円になる

積み立てた金額は20年で240万円だが、半年ごとに分配金が再投資されていくので、20年後には240万円ではなく約300万円の資産をつくることができる

毎日の飲み代を削ってでも
コツコツ投資するのがいいわけか…

長期で積み立てるほど、
複利効果も大きくなっていきます

16

定期的に定額を積み立てれば、効率的な投資ができる

安定運用の強い味方、ドルコスト平均法

ドルコスト平均法にはメリットがたくさんある

ドルコスト平均法とは、価格が変動する商品を毎月1万円ずつなど、一定期間ごとに一定金額ずつ購入していく方法です。

毎回同じ金額を投資することで、価格が安いときには多く、高いときには少ない量を購入できます。その結果、まとめて買い付けたときよりも、平均取得価格を低く抑えられる可能性が高くなります。

また、価格が高くても安くても、「果たしていま、購入してもよいのか」と悩んでしまうものですが、自動的に買い付けるため、どういったタイミングで投資をすればよいのかを悩む必要もありません。

中・長期で運用してこそ効果が発揮される

ドルコスト平均法は時間を味方につけるものですので、短期投資には向いていません。積立の期間が短いと取得価格をならしていくことがむずかしいからです。また、結果論になりますが、安いタイミングでまとめて購入できた場合に比べて、リターンが少なくなるというデメリットもあります。

しかしながら、中・長期投資で続ければ、上昇局面や下落局面を経験しても一定の投資効果が得られることが分かっています。中・長期で安定した成果を狙いたいのであれば、ドルコスト平均法を利用した積立を検討しましょう。

ONE POINT

投資における局面

市場は常に上昇や下落、横ばいを繰り返すのが通常といえる。下落局面では資産を増やすことはむずかしいが、ドルコスト平均法ならこのときに多くの量が買えるというメリットがある。

ドルコスト平均法で、安定運用を目指す

ドルコスト平均法とは

毎月など決まった間隔で同じ金額を積み立てていく。
そのため、対象の金融商品が安いときは買える口数が多く、
高いときは買える口数が少なくなる。
これにより、**平均購入価格を抑えやすいという**効果がある

ドルコスト平均法を利用した場合と
一括で購入した場合を比べてみましょう!

毎月1万円を6か月間積立した場合と
最初に6万円を投資した場合を比較する

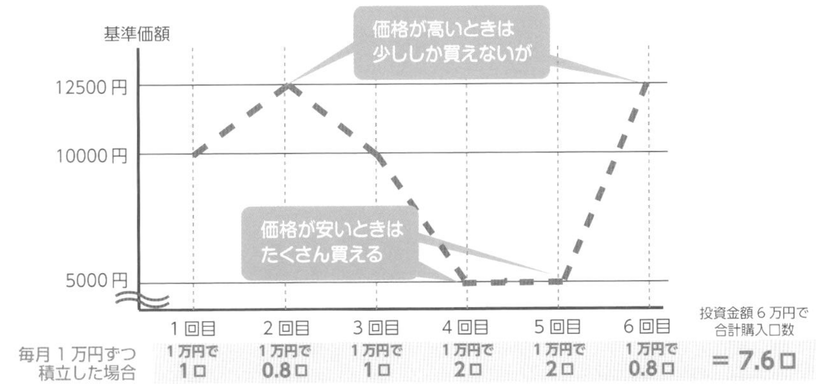

	1回目	2回目	3回目	4回目	5回目	6回目	投資金額6万円で合計購入口数
毎月1万円ずつ積立した場合	1万円で 1口	1万円で 0.8口	1万円で 1口	1万円で 2口	1万円で 2口	1万円で 0.8口	= 7.6口
最初に6万円をまとめて投資した場合	6万円で 6口	−	−	−	−	−	= 6口

●平均取得価格：約7890円

まとめて購入するよりも
平均購入価格を抑えられた!

●平均取得価格：10000円

底値でまとめて買ったほうがもちろんたくさん買えるけど
そのタイミングをつかむのはむずかしそうだね

平均して購入できるメリットと
ほったらかしにできるメリットの両方がありますね

17 投資信託の目論見書はここをチェック

投資信託を選ぶときには、必ず目を通そう

目論見書は投資信託のトリセツ

目論見書とは、投資判断に必要な事項が説明されている、いわば投資信託の取扱説明書です。

目論見書には、購入前に投資家に必ず交付しなければならない「交付目論見書」と、投資家から請求があったときに交付することになっている「請求目論見書」がありますす。ネット証券などでは、ホームページ上でPDF形式で交付されるのが一般的です。

目論見書のここをチェック！

目論見書では、まず冒頭の「ファンドの目的・特色」を確認しましょう。どのような資産で運用するのかが分かるので、安定した運用を望むなら債券の比率が大きい投資信託を、値上がり益を期待するなら株の比率が大きい投資信託を選ぶ、という判断ができます。

「投資リスク」では、どのようなリスクがあるのかが書かれています。リスクの種類だけでなく、それぞれのリスクの大きさについても確かめましょう。

目論見書には、これまでの「運用実績」も掲載されています。ここには、基準価額や純資産総額の推移、分配金の推移、騰落率などが記載されています。収益性や運用状況を知るうえで、特に重要なページといえるでしょう。

2つの目論見書

交付目論見書には、投資信託の基本的な情報が記載されている。一方、請求目論見書には、ファンドの沿革や経理状況など、交付目論見書の追加的な情報が記載されている。

目論見書のチェックは投資の基本

投資判断をするうえで最重要な書類

ファンドの目的・特色

ファンドの目的
……を目指して運用を行います

ファンドの特色
●主要投資対象
●ファンドのしくみ
●主な投資制限

その商品がどのような資産に投資するのか、どのように運用し、どのような成果を目指すのかをチェック

どこに&何に投資しているかをチェック
投資対象となるエリアが「国内」か「海外」かチェック。海外の資産に投資する場合、為替変動リスクの影響を受けやすい。債券・株・REIT(不動産投信)、コモディティ（商品）など収益を生む資産についてもチェック

運用スタイルをチェック
「インデックス型ファンド」か「アクティブ型ファンド」かを確かめる
分配の方針をチェック
分配の頻度（毎月・隔月・四半期・半年・1年など）や分配金額に対する方針を確かめる

投資リスク

基準価額の変動要因
価格変動リスク
為替変動リスク
信用リスク
金利変動リスク
●リスクの管理体制
●その他の留意点

投資信託の時価である基準価額が、どんなリスクによって影響を受けるかをチェック

リスクと合わせ、その他の留意点についても確認

運用実績

基準価額・純資産総額の推移
分配金の推移
主要な資産の状況
年間収益率の推移

これまでの運用実績がグラフなどで確認できる（新しく設定された投資信託では、運用実績は記載されていない）

どのように分配金を出してきたかをチェック

投資している資産や通貨の比率、銘柄などをチェック。割合の大きな資産や通貨、銘柄からリスクをある程度推測することができる

収益率の推移をチェック

ファンドの費用・税金

ファンドの費用
税金

販売手数料、信託報酬、信託財産留保額などのコストをチェック

分配金と換金（解約）時・償還時の課税について確認。NISA口座で購入した投資信託なら利益が出ても非課税

大切なお金を預けるのですから、
目論見書を必ずチェックしてから購入しましょう！

18

定期チェックに不可欠な運用報告書

商品ごとの**運用実績**を**確認**するには？

基準価額の推移グラフはチェックの必要性大

投資信託の決算期ごとに作成される運用報告書には「交付運用報告書」と「運用報告書（全体版）」の2種類があります。

交付運用報告書は、運用報告書（全体版）に記載されている内容のうち、重要な項目がグラフや図などを使って分かりやすくまとめられています。

まずチェックしたいのが、運用した成績がよかったのか、悪かったのかを示した運用成績です。基準価額などの推移を示したグラフに注目しましょう。投資信託の運用成績を知るためには、基準価額と純資産総額の推移の確認ははずせません。

組み入れ資産の内訳はファンドのデータで確認

「ベンチマークとの差異」もチェックしましょう。その商品が運用の目安としている指標に対して運用成績がよかったのか悪かったのかを判断できます。

「ファンドのデータ」では、その商品にどのような資産が、どんな割合で組み入れられているのかが分かります。国別の配分や通貨別配分も記載されているので、どの国の資産で運用されているのかも確認できます。

「今後の運用方針」では、商品の特色や投資環境を踏まえた運用方針や、これから目指す投資成果などが記載されています。

KEY WORD

2つの運用報告書

交付運用報告書は、商品を保有している投資家に必ず交付される。グラフなどを用いて分かりやすく記載されているのが特徴。一方、運用報告書（全体版）は、請求があった場合に交付される。

運用報告書の見方

運用報告書を定期的にチェックしよう

「交付運用報告書」に記載されている例

基準価額などの推移

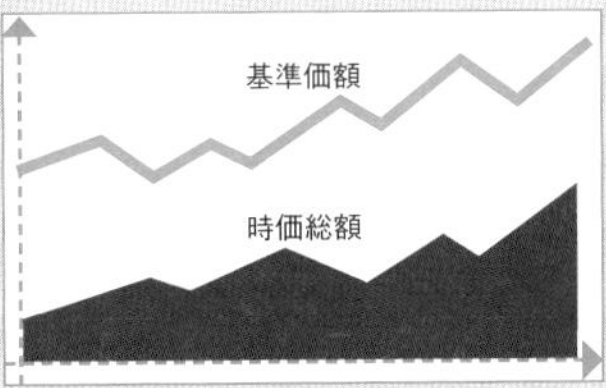

基準価額などの推移が、グラフを使って分かりやすく記載されている

ベンチマークとの差異

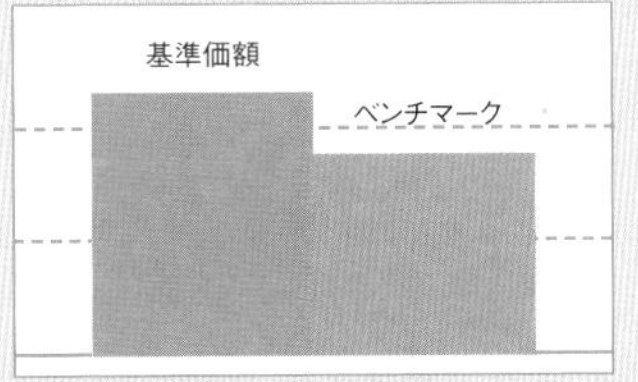

対象にしているベンチマークの成績との比較をグラフで記載

ファンドのデータ

※掲載されているデータの例

組入有価証券明細表

(国内株式)

銘柄	期首（前期末）	当期末	
	株数	株数	評価額
・・・業種 （00.0%） 銘柄 ・・・ 銘柄 ・・・業種 （00.0%） 銘柄	千株	千株	千円

当期中の主要な売買銘柄

(株式)

当期				
買付				売付
銘柄	株数	金額	平均株価	銘柄
●●●●●● ●●●●●● ●●●●●● ●●●●●●	千株	千円	円	

集めた資金が、どんな株や債券などに投資されていて、どのように運用されているかが記載されている。投資先の国や通貨の割合も確認できる表もある

今後の運用方針

基準価額などの推移、投資環境や分配金の状況を踏まえて、この先、どのように運用していく方針なのかが記載されている

運用報告書をきちんと確認して
その投資信託を続けていいかを判断するのね

投資信託の成績表である運用報告書を
定期的にチェックする習慣をつけましょう

19 格付けを商品選びの参考にしよう

投資信託の商品選びに役立つ「第三者の目」

投資信託選びには客観的な情報も必要

購入する投資信託を選ぶときには、目論見書や運用報告書など、投資信託を販売・運用する側の情報だけではなく、客観的な情報から比較検討することも大切です。

その手がかりとなるのが、金融商品の運用成績の評価を行うプロフェッショナルである評価機関による格付けです。おもな評価機関を左ページにまとめました。

こうした格付けでは、評価機関が第三者の立場から、それぞれの投資信託の運用成果を客観的に評価します。そして、星の数やアルファベットなどの表示によって評価結果を表します。

投資信託の格付けはネットで調べることができる

評価機関やその機関と提携する証券会社などのウェブサイトで投資対象などの条件を設定して検索すれば、複数の商品を格付けによって比較検討することができます。評価機関によっては、純資産の増加率や騰落率ランキングもあります。

同じ商品であっても評価機関によって格付けが異なる場合があるので、複数の評価機関による格付けを見比べるといいでしょう。ただし、格付けや評価はあくまで過去の実績に基づくものですので、今後も同じ格付けであり続けるとは限らないことに注意する必要があります。

KEY WORD

騰落率（とうらくりつ）

株式や投資信託が2つの時点の価格を比較して、何パーセント上昇したか、または何パーセント下落したかを表す指標。基準価額1万円の投資信託が1年後に1万500円に値上がりした場合の騰落率は5%。

投資信託の格付けを知るには

おもな評価機関と特徴

格付投資情報センター
日本経済新聞社から分社化した
日本を代表する評価機関
https://www.r-i.co.jp

1年、3年、10年で5段階の定量レーティングをする。リターンとリスクについても同様

NTTデータエービック
投信情報ウェブサービス
「Web Asset Manager」を配信
https://www.nttdata.abic.co.jp

投資信託の詳細が分かるとともに、将来の値動きをシミュレーションできる

日興リサーチセンター
投信分析情報では国内投資信託の
各種ランキングなどを掲載
https://www.nikko-research.co.jp

投信分析情報では、騰落率ランキング、資金流入ランキングなどを提供する

クォンツ・リサーチ
ファンド比較、リスクグレード
ファンド評価などをまとめて提供
https://www.quantsresearch.com

投資信託の情報を配信。東京証券取引所の「東証マネ部！」や大手銀行の情報ページで閲覧可能

時事通信
日本の老舗通信社のマーケット情報では
投信情報も配信
https://www.jiji.com/jc/market?g=trust

ホームページでの情報のほかに、メールやLINEで自動配信サービスも提供している

三菱アセット・ブレインズ
国内の主要な500ファンドの定性評価に
実績がある評価機関
http://www.mab.jp/

定量評価に加え、アナリストによる定性評価を提供。20年以上の経験の蓄積からのアドバイス

※上記は、評価機関であり、その評価を見るためには料金が必要だったり、別途ネット証券や株に関するウェブサイトで閲覧する必要があります

投資信託の購入には、
客観的な情報でも比較するのが大切だな

似たようなタイプの商品から選ぶ場合にも
格付けが参考になりますね

Chapter

6

自分に合った投資法を見つけよう！

ここまでNISAの活用法、株や投資信託の購入のしかたなどを見てきました。ここからは、自分に合った投資法を見つけて、投資のスタートに備えましょう!

これからはNISAで余裕だぜ
バリッ
まったく大竹先生の事務所でなにしてるの！
気持ちに余裕が出るのはいいことですね
投資も余裕資金で行うのが大事ですから
まあまあ
投資はじっくり腰を落ち着けて柔軟に対応するのがいいんですよね
ふふん
そのとおりですさすがマチコさん
ほかに大切なことはどんなことですか？
定期的に資産配分を見直したりすることも大切です
投資しっぱなしではよくないんですね！
実績
お2人ともそのとおり！詳しく見ていきましょう
がんばります！

01 ポートフォリオをつくってみよう

目標達成のために最適な配分を考える

自分のスタイルに合った資産の組み合わせを考えよう

ＮＩＳＡ制度を活用した資産運用は、中・長期での分散投資が基本です。投資の目的や目標金額をはっきりさせたら、そのためにどのように資産を分配すればいいかを考えましょう。そのときに役に立つのが、ポートフォリオ（portfolio）を組むことです。

ポートフォリオという言葉には、紙ばさみや折りかばん、書類を運ぶケースといった意味があります。投資の世界では、現金や預貯金、株、債券、不動産など保有している資産の一覧やその組み合わせのことを指します。簡単にいえば、資産配分の一覧です。

ポートフォリオは半年に一度チェックを

ポートフォリオをつくるときに考えるポイントは、

- 運用にまわせる予算はどれくらいあるか
- 目標金額のために必要な利回りは
- どのくらいリスクを許容できるか

の３つです。

特に重要なのがリスク許容度で、これは年代や現在のライフステージ、資産の状況で変わってきます。

ポートフォリオは知識があれば自分で組むことができますが、ファイナンシャルプランナーなどのお金のプロに相談して作成してもらうこともできます。

KEY WORD

ファイナンシャルプランナー

年金や保険、投資、税制、生活設計などに関するプロフェッショナル。おもに個人を対象として、家計や資産運用の相談に対応し、ライフプランに合わせた的確なアドバイスを行う。

資産配分の確認はポートフォリオで

リスクとリターンの関係を理解してポートフォリオを組む

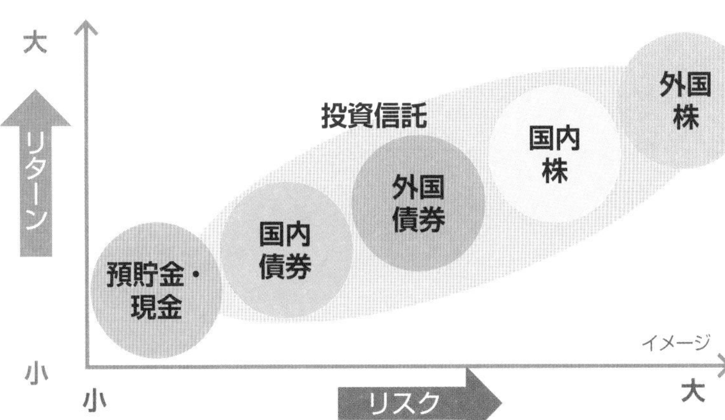

許容できるリスクを考えると…
例えば、こんなポートフォリオができるのね

新興国株	国内株	先進国株	外国債券
25%	25%	25%	25%

外国株	国内株	外国債券	国内債券
25%	25%	25%	25%

外国株	国内株	外国債券	国内債券
15%	25%	15%	45%

小　リスク・リターン　大

予算やリスク許容度、目標とする運用成果に合わせた配分を選ぶんだね！

投資の目標が決まったら**リスク許容度を考えてポートフォリオを組んでみましょう**

自分に合った投資法を見つけよう！

Chapter 6

02 年代によっても最適な資産の組み合わせは異なる

年代別のポートフォリオの組み方

20代は値動きの大きな資産の組み入れも考える

中・長期投資で資産形成を考えるのであれば、年代によって資産配分を変えていくのがセオリーです。なぜなら、年代によってリスク許容度も変わるからです。

では、年代ごとにどのようなポートフォリオを組めばいいのでしょうか。

20代は今後、資産運用にあてられる期間が長く、運用期間中に資産が目減りしても、その後の値上がりのチャンスを待つ時間的余裕があります。したがって、長い目で大きくプラスにするために、新興国の株や債券など値動きの大きな資産を組み入れたポートフォリオを組むのも1つの方法です。

30~40代は利益を出しながら損もしない資産の組み合わせで

30~40代は、住宅購入や子どもの教育資金など「近い将来必要なお金」と、セカンドライフの資金など「遠い将来必要なお金」の2つを意識する時期です。

そのため、着実に利益を狙いながらも損失をできるだけ抑える、安定感のある運用を目指したいもの。国内株と外国株、国内債券と外国債券をバランスよく組み合わせるのがいいでしょう。

50~60代は、資産をいかに減らさないかがポイントになります。値動きが安定した国内債券への配分を増やし、それを実現する商品の購入を考えるとよいでしょう。

KEY WORD

セカンドライフ

定年を迎えたあとの第二の人生のことをいう。日本人の平均寿命は年々延びているため、セカンドライフの期間も長くなる傾向にある。そのあいだの生活に必要なお金については、資産運用で自衛していきたいもの。

年代別のポートフォリオはどうつくる?

ライフステージによって組み合わせる

確かに、年代によって資産運用にあてられる時間や資金の必要時期が変わってくるものね

20代 値上がりに期待

運用期間が長い20代は多少リスクをとっても比較的値動きの大きい商品で運用。例えば「国内株」「外国債券」「先進国株」「新興国株」を同じ配分に。

例

- 新興国株 25%
- 国内株 25%
- 先進国株 25%
- 外国債券 25%

30〜40代 バランスを追求

30〜40代は、支出が多くなると同時に老後のお金も考え始めなければならない年代。全体のバランスが大切。例えば「国内株」「国内債券」「外国債券」「外国株」を同じ配分に。

例

- 外国株 25%
- 国内株 25%
- 外国債券 25%
- 国内債券 25%

50〜60代 安定運用を重視

資産の目減りを防ぐことがポイントとなる50〜60代。安定運用を重視しながらじっくり増やしたい。例えば「国内債券」をメインに、「国内株」「外国債券」「外国株」を運用。

例

- 外国株 15%
- 国内株 25%
- 外国債券 15%
- 国内債券 45%

これらのポートフォリオを参考に、**ライフステージや資産などを踏まえて考えてみましょう**

03

ポートフォリオの見直しは1年に1度が目安

定期的に資産配分を調整しよう

資産の構成割合は時間とともに変化する

ポートフォリオどおりに金融商品を購入したとしても、投資を行っていると時間が経つにつれて、購入時の資産の構成割合が変化していきます。

商品の価格は常に動いているので、ポートフォリオに合った資産配分になっているかどうかを定期的にチェックするようにしましょう。

リバランスの方法は大きく2つ

ポートフォリオに合わせて資産配分を見直すことを「リバランス」と呼びます。これには、大きく2つの方法があります。

1つめは、いま運用している商品のなかで、値上がりして構成比率が高くなった資産の一部を売却し、売却で得た資金で比率の低くなった資産を買い増して当初の資産配分に戻す方法です。利益をいったん確定できるのが、メリットです。

2つめは、いま運用している商品はそのままで、今後の積立などの配分比率を変える方法です。

ポートフォリオのチェックのタイミングは1年に1度が理想です。また、ライフステージや自分を取り巻く環境の変化によって運用方針を見直す必要も出てきます。こうしたポートフォリオそのものを見直すことを「リアロケーション」と呼びます。

ONE POINT

リアロケーション

ライフステージや経済情勢の変化を背景として、自分にとって最適な資産配分そのものを見直すこと。年齢とともにリスク許容度は下がっていくので、長い年月のあいだにはリアロケーションを行うことも重要。

ポートフォリオに合っているかをチェック

リバランスの2つの方法

NISAには投資枠の上限があるから、
それも気にしながら調整しないとね

①一部売却・買い増しして調整

値上がりして比率が高くなった資産の一部を売却し、売却で得た資金で比率の低くなった資産を買い増す。そして、当初の資産配分に戻す

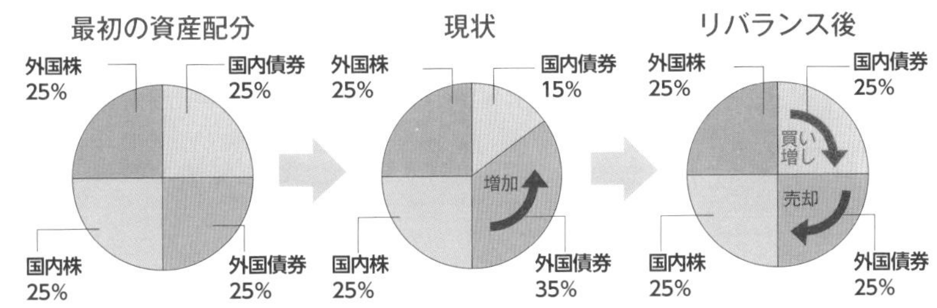

②今後の積立の配分を変更して調整

現在保有する商品は売却せずに、元の資産配分になるように、毎月（または、一定期間ごと）に購入する商品の割合を変更する

一気にではなく、少しずつもとの
資産配分に戻していくということですね

長期で投資信託を積み立てる場合でも
定期的なポートフォリオの調整は必要です

04

大きな損失を抱えそうなときは？

まさかというときの対応を考えておく

全世界的な大暴落は歴史上、何度も繰り返されてきた

久しぶりに保有資産をチェックしてみたら、大きく元本割れしていた……。こんなことになったら誰でもショックですね。株や外国債券などを運用していると、さまざまな影響で大きく値下がりすることがあります。リスクを軽減するために分散投資をすすめてきましたが、リーマンショックなど世界的に市場が冷え切ってしまう、いわゆる大暴落は歴史的に何度も発生しています。

そうなると「早く売ってしまわないと、手持ち資産がどんどん減ってしまうかも」と不安に陥るのもしかたがないことかもしれません。

回復の見込みを信じて投資を続けるのが得策

しかし、結論からいうと、そのタイミングで運用を止めて売却することは避けたほうが賢明です。マイホームや教育費などで資金が必要な場合はともかく、ここで売却したら、せっかくここまで運用してきた複利効果などのメリットがなくなってしまいます。また、その後に価格が回復しても取り戻すことは不可能です。

もちろん、今後の回復の見込みがまったくないような場合には、損切りを考えることも必要になるでしょう。しかし、ほとんどの場合には、慌てて焦らずに、じっくりとかまえることが大切です。

KEY WORD

損切り

損失が生じている有価証券を売却すること。そのまま保有し続ければ、再度値上がりする可能性もあるが、値上がりの見込みが薄いと考えるのなら、損失額の小さいうちに損切りを行うことも重要。

長期的な視野で対応を考える

大きく元本割したときの対応

慌てて売却しないで、落ち着くのか…。
ガマンが大切なときもあるんだな

大暴落は繰り返し発生する

歴史を見ても、大暴落は何度となく発生している

1929年　ウォール街大暴落
1987年　ブラックマンデー
1998年　ロシアのデフォルト
2008年　リーマンショック
2020年　世界的な感染症の流行

慌てて売却するのは賢明ではない！

こうしたときに慌てて資産を売却すると
以下のようなデメリットがある

暴落時に資産を売却するデメリット

- その後の値上がりの恩恵を受けられない
- 長期投資で得た複利効果がムダになる
- ドルコスト平均法の効果を得られない

まずは落ち着いて、
回復の見込みを信じることが大切です

05 もう1つの非課税制度・iDeCoとの違いを知る

NISAとiDeCoの使い分けをしよう

NISAとiDeCoは併用するのがおすすめ

新しいNISAにはつみたて投資枠があります。これを利用すれば老後資金づくりのための非課税制度であるiDeCo（イデコ：個人型確定拠出年金）は不要と考える人もいるかもしれません。

しかし、この2つの制度は特徴が異なります。上手に併用することで、一方だけを利用した場合よりも効果的に将来必要なお金の準備ができます。

iDeCoのメリット・デメリットを知っておこう

iDeCoにはNISAと同じように、運用益に対する税金が非課税になるだけでなく、拠出額が全額所得控除されるというNISAにはないメリットがあります。直接的に所得税や住民税などの節税につながるのはうれしいですね。また、給付金の受取時にも税金の優遇があります。

一方で、運用商品の選択肢が預金や保険、投資信託に限られています。また、60歳まで引き出すことができないというのも大きなデメリットでしょう。こうした特徴を踏まえれば、所得税などの節税効果があるからといって、iDeCoに資金を集中させるのは得策とはいえないでしょう。iDeCoとNISAを上手に併用することで、ライフプランに柔軟に対応できるようにしたいものです。

KEY WORD

iDeCo

NISAの関係省庁が金融庁であるのに対し、iDeCoは厚生労働省。成り立ちも目的も違う制度なので、一概に比較することはできないが、iDeCoは老後資金づくりにおいて活用価値の高い制度であるといえる。

NISAとiDeCoの違い

運用期間と引き出しの自由度が違う

30歳　60歳

例えば、住宅購入のために引き出し

NISA

必要に合わせていつでも引き出し可能

30歳　60歳

毎月掛け金を拠出し60歳まで運用

iDeCo

基本的に60歳まで引き出せない

iDeCoは、老後資金づくりに特化した投資なのね。途中で引き出せないのは、かなり不便…

非課税のしくみの違い

NISA	運用益に対する税金が非課税
iDeCo	①掛け金が所得控除の対象となる ②運用益に対する税金が非課税 ③受取時に退職所得控除、公的年金等控除の対象となる

それぞれの特徴を生かして、NISAとiDeCoを **併用する**ことをおすすめします

06

株も投資信託も種類が多すぎて選べない……

大竹先生が注目する株と投資信託は？

上場企業は約３９００社！投資信託は約５９００本！

新しいＮＩＳＡを活用して投資をはじめようと思っても、実際に投資先を選択するのは簡単ではありません。なぜなら、現在、東京証券取引所に上場している上場企業の数はなんと約３９００社。そして私たちが買うことのできる投資信託の数は約５９００本もあるからです。

そこで本書の監修者であるファイナンシャルプランナーの大竹先生に、初心者の人におすすめの投資先や、お金に働いてもらうのにぴったりな投資先を教えてもらいました。投資をはじめる第一歩のヒントにしてみてはいかがでしょうか。

株式投資なら、割安で放置された「ＰＢＲ１倍割れ」銘柄に注目

初心者の人におすすめの銘柄選びの方法の１つが「株価が割安な銘柄を狙う」ことです。なかでも割安の指標であるＰＢＲ（株価純資産倍率）が１倍割れの銘柄に注目。東京証券取引所も２０２３年４月にＰＢＲ１倍割れの企業に対し改善策の実施を要請しているので、これからの株価上昇に期待したいところです。

投資信託であれば、迷ったらバランス型からはじめてみるのがおすすめ。世界中の株や債券に幅広く分散投資ができ、リバランスも不要なので、ＮＩＳＡの非課税枠を無駄なく活用できるでしょう。

ONE POINT

ディフェンシブ株・景気敏感株

景気動向にあまり左右されないディフェンシブ株に対し、景気に反応しやすい株は景気敏感株（または、景気循環株）と呼ばれる。鉄鋼や化学、紙パルプなどの素材産業、工作機械などの設備投資関連などが該当する。

お金に働いてもらいたいなら…

大竹先生がおすすめする株・投資信託

株式投資	投資信託
●「PBR1倍割れ」銘柄 株価が割安に放置されている銘柄を狙うなら要チェック！東証の要請を受けての株価上昇に期待したいところです。	**● バランス型** 世界中の株や債券に幅広く分散投資ができ、リバランスも不要なバランス型は、初心者の人の心強い味方！
● EV（電気自動車）関連銘柄 環境問題の後押しでますます主流になっていくであろうEV。モーターや蓄電池、充電器の関連企業にも注目しましょう。	**● アメリカの高配当株で運用するインデックス型投資信託** 米国株の中でも「配当貴族」と呼ばれる、何十年と高配当を続ける銘柄で運用するインデックス型の投資信託。
● 高配当・優待銘柄 NISAで長期保有をするならインカムゲインはやっぱり大事！個人投資家を大切にしてくれている証拠でもあります。	**● 全世界の株式で運用するインデックス型投資信託** 資産の多くが円資産（円預金など）の人ほど、投資は日本以外がおすすめ。中でもコストの安いものを選びましょう。

ありがとうございます！
これらを参考に、投資生活をはじめます!!

投資はまずはじめてみることが大切です
そして、長期の視点で、焦らずにじっくりとね！

数字・英字

100円から……82
18歳以上……46・52
1株あたり利益……116
1単元……102
2つの運用報告書……168
2つの投資枠……42
2つの目論見書……166
2つの枠……72・84
BPS……116
EPS……116
ETF……56・154
GDP……26
iDeCo……88・182
J-REAT……156
NISA……34
NISA口座……104
NISAの目的……84
NYダウ……144・150
PBR……116・184
PER……116
REIT……156
ROA……118
ROE……118
S&P500……150
TOPIX……136

あ行

アクティブ運用……146
新しいNISA……34
移動平均線……122・124
インカムゲイン……96・100
陰線……126
インデックス運用……146
受け渡し……102
受渡日……104
運用コスト……80
運用実績……166
運用成績……168
運用のプロ……136
運用報告書……168
運用報告書(全体版)……168
運用方法……146
お金に働いてもらう……16・184

お金の寿命……90
終値……124

か行

海外債券……144
海外在住……52
海外資産……150
外貨預金……18
外国株……130・150
外国債券……150
外国籍……52
会社四季報……100
開設数……38
買い注文……104
価格変動リスク……30
格付け……170
課税口座……34
株……104
株価……98
株価が割安……184
株価収益率……116
株価純資産倍率……116
株価チャート……122
株価の動き……122
株価の割安度……116
株式市場……94
株式数比例配分方式……62
株式投資……20・94
株式投資信託……134・148
株数……100
株主……94・120
株主資本……118
株主重視……100
株主優待……86・102
株の注文方法……106
株の発行……94
仮開設……54
為替の変動……130
為替ヘッジ……150
為替変動リスク……30・142・150
為替レート……30
カントリーリスク……142
元本保証……18
元本割れ……180
企業……94
貴金属……134
基準価額……138・168
客観的な情報……170
キャッシュフロー計算書……114
キャピタルゲイン……96
旧NISA……34
給付金……182
教育資金……22
拠出額……182
金額指定……160
銀行引落……160
金融機関を変更……50
金融商品……18
金融商品の品ぞろえ……56
金融商品を保有……60
金融庁の定めた基準……80
金利……16
金利変動リスク……30
組み合わせ……58
クレジットカード……82
クレジットカード決済……160
グロース株……112
グロース市場……130・144
グローバル企業……130
景気敏感株……184
決算書……114
決算報告書……114

源泉徴収……64
源泉徴収あり……64
源泉徴収なし……64
減配……96
権利確定日……100
口座……38
口座開設……50
口座開設期間の恒久化……46
口座管理料……108
口数指定……160
公的年金……22・90
交付運用報告書……168
交付目論見書……166
ゴールデンクロス……128
小型株……134
国際……134
国内外の株……72
国内株……130
国内債券……176
国内総生産……26
子育て世代……22
個別銘柄指定方式……62
コモディティ……134
今後の運用方針……168

さ行

債券……28・134
最大1800万円……48
財務諸表……114
再利用……40
先物市場……134
指値注文……104
時間を味方……26・88・164
資金……20・94
資金調達……100
自己資本……118
自己資本利益率……118
資産運用……20
資産形成……44・176
資産の構成割合……178
資産の状況……174
資産配分……178
実体……126
自動的に買い付ける……164
自動的に投資……162
指標……146
資本……118
社債……144
住宅購入資金……22
住民票……52
ジュニアNISA……42
主要225銘柄……136
需要と供給……122
純資産……116
純資産総額……138・168
少額投資非課税制度……34
証券会社……56
証券口座……62
証券取引所……94・154
上場企業……94
上場投資信託……154
譲渡益……94
譲渡所得……64
譲渡損失の繰越控除……68
将来の資産形成……38
初心者……184
所得税の確定申告……66
新興市場……130
人生100年時代……22
人生の三大資金……22
信託財産留保額……158
信託手数料……56

信託報酬……80・154
信用取引……98
信用リスク……30
スタンダード市場……144
スポット……76
生活資金の補填……90
請求目論見書……166
税金……34
成長株……112
成長投資枠……40・72
成長投資枠の除外商品……74
税務署……54
税務署で非承認……54
節税……182
全額所得控除……182
増額月……82
総口数……138
総資本……118
総資本利益率……118
相場……106
相場が安定……106
総枠……40
損益計算書……114
損益通算……66
損切り……180

た行

貸借対照表……114
退職金……90
タイミングを分けて……76
高値……124
短期売買……26
単元……110
単元未満株……110
近い将来必要なお金……176
中・長期での分散投資……174
中・長期投資……164
中・長期売買……26
注文期間……104
長期間運用……88
使い分け……84
積立買付……160
積立金額……82
積立投資……72・82・162
つみたて投資枠……40・72・82
つみたてNISA……34・78
定年……88
ディフェンシブ株……184
出来高……124
テクニカル分析……122
手数料……56・108
手数料が無料……108
デッドクロス……128
当期純利益……118
東京証券取引所……94・112
投資信託……20・72・80・134
投資信託の投資対象……142
投資成果……168
投資における局面……164
投資のリスク……30
投資法人……156
投資リスク……166
東証株価指数……136
騰落率……170
登録配当金受領口座方式……62
特定口座……64
特別分配金……140
ドルコスト平均法……136・164
トレンド分析……128
トレンドライン……128

な行

成行注文……106
日経平均株価……136・148
ネット銀行……18
ネット支店……56
ネット証券……108
ネット専業証券……56
年間の非課税投資枠……44
年間非課税投資額……40
年金……16
年代……176
ノーロード……80・158

は行

売却益……94・138
廃止の手続き……54
配当金……20・62・86・90・120
配当金領収証方式……62
配当所得……64
配当性向……120
配当利回り……86・100・120
売買委託手数料……56・108
ハイリスクハイリターン……18・98
始値……124
バランス型……184
バランス型投資信託……152
バリュー株……112
販売手数料……56・80・158
非課税……34
非課税確認書の交付件 口座開設届出書……54
非課税投資枠……40
非課税のメリット……62
非課税保有期間……46
非課税保有限度額……40・48・72
評価期間……170
頻度……82
ファイナンシャルプランナー……174
ファンダメンタル……114
ファンダメンタルズ分析……114
ファンド……20
ファンドのデータ……168
ファンドの特徴……166
ファンドマネージャー……146
複数の移動平均線……128
複数の種類……58
複数の銘柄……90
複利……162
複利効果……26・86・162
普通分配金……64・140
復興特別所得税……34
不動産投資信託……156
プライム市場……144
分散効果……136
分散投資……20・28・86・136・180
分配金……140
米国株……144
併用……44
ベンチマーク……146
ベンチマークとの差異……168
ベンチャー企業……130
ポートフォリオ……174
ほったらかし……88
保有期間……40
保有期間の無期限化……78

ま行

毎月分配型ファンド……80・140
毎年360万円……48
マイナンバー……50
マネープラン……24
無配……96
無料……56
銘柄……104
申込書類……54
目論見書……82・166

や行

約定……104
安値……124
優遇制度……66
優待利回り……100
陽線……126
預貯金……16
余裕資金……60・88
寄引同事線……126

ら行

ライフイベント……88
ライフスタイル……24・78
ライフステージ……174
ライフプラン……182
リアルタイム……154
リアロケーション……178
利益……64・86
リスク……86
リスク回避……28
リスク許容度……148・174
リスクヘッジ……58
リタイア……90
リバランス……152・178
利回り……174
流動性リスク……30
老後……16
老後資金……22
老後の生活資金……90
ローソク足……124・126
ローソク足の期間……126
ローリスクローリターン……18
ロールオーバー……46

わ行

枠の変更……72
割安……112

●監修者
大竹 のり子（おおたけ のりこ）

株式会社エフピーウーマン代表取締役　ファイナンシャルプランナー
出版社の編集者を経て、女性のためのお金の総合クリニック「エフピーウーマン」を設立。講演やメディア出演のほか「お金の教養スクール」の運営を通じて正しいお金の知識を学ぶことの大切さを発信している。『はじめてでもスイスイわかる!確定拠出年金[iDeCo]入門』『老後不安を解消して、未来へ投資する! ライフプランから考えるお金の増やし方』（ナツメ社）などお金の分野での著書・監修書は70冊以上に及ぶ。
【ホームページ　https://www.fpwoman.co.jp】

●編集協力　株式会社アーク・コミュニケーションズ
●デザイン　有限会社アーク・ビジュアル・ワークス
●マンガ・イラスト　くりきまる
●編集担当　柳沢裕子（ナツメ出版企画株式会社）

本書に関するお問い合わせは、書名・発行日・該当ページを明記の上、下記のいずれかの方法にてお送りください。電話でのお問い合わせはお受けしておりません。
・ナツメ社webサイトの問い合わせフォーム
https://www.natsume.co.jp/contact
・FAX（03-3291-1305）
・郵送（下記、ナツメ出版企画株式会社宛て）
なお、回答までに日にちをいただく場合があります。正誤のお問い合わせ以外の書籍内容に関する解説や法律相談・税務相談は、一切行っておりません。あらかじめご了承ください。

[最新版] じっくり派もお手軽派も 必ずトクする! NISA入門

2024年1月5日発行

監修者　大竹のり子
発行者　田村正隆

発行所　株式会社ナツメ社
東京都千代田区神田神保町1-52　ナツメ社ビル1F（〒101-0051）
電話　03（3291）1257（代表）　FAX　03（3291）5761
振替　00130-1-58661
制　作　ナツメ出版企画株式会社
東京都千代田区神田神保町1-52　ナツメ社ビル3F（〒101-0051）
電話　03（3295）3921（代表）
印刷所　ラン印刷社

ISBN978-4-8163-7465-4　Printed in Japan

〈定価はカバーに表示してあります〉〈乱丁・落丁本はお取り替えします〉